有你在身边

"伴行育人"的思与行

在一起
ZAI YIQI

都闪亮
DOU SHANLIANG

主编 周平健

苏州大学出版社
Soochow University Press

图书在版编目（CIP）数据

有你在身边：'伴行育人'的思与行 / 周平健主编.
—— 苏州 ： 苏州大学出版社，2025. 4. —— ISBN 978-7-5672-5202-8

Ⅰ．G62-53

中国国家版本馆 CIP 数据核字第 2025JR9830 号

有你在身边：'伴行育人'的思与行
YOU NI ZAI SHENBIAN:"BANXING YUREN" DE SI YU XING

主　　编	周平健
责任编辑	沈　琴

出版发行	苏州大学出版社（Soochow University Press）
社　　址	苏州市十梓街 1 号　邮编：215006
印　　刷	苏州市越洋印刷有限公司
网　　址	www.sudapress.com
邮　　箱	sdcbs@suda.edu.cn
邮购热线	0512-67480030
销售热线	0512-67481020
开　　本	700 mm×1 000 mm　1/16
印　　张	16
字　　数	239 千
版　　次	2025 年 4 月第 1 版
印　　次	2025 年 4 月第 1 次印刷
书　　号	ISBN 978-7-5672-5202-8
定　　价	60.00 元

若发现印装错误，请与本社联系调换。服务热线：0512-67481020

序 1
伴行：学校管理的另一种视角

法国哲学家帕斯卡曾说："人类全部的尊严，就在于思想。"在历史长河中，人之生命如夏花如朝露，却因思想而高贵。将学校办成名校，几乎是每位有理想、有追求的校长的愿景。名校是怎样炼成的？我以为，名校是在其文化的土壤里自然生成的。这种校园文化的生长，是校长管理思想的时代表达。因工作关系，我得以有机会与全省乃至全国各地优秀校长进行交流，他们的管理思想常常令我感动。赵建华校长就是其中一位。

赵建华从28岁担任百年老校校长至今，已经有30年左右的校长经历。他把自己的管理哲学提炼为"伴行管理"，进而又上升到学校的"伴行育人"理念。他是思想者，更是行动者。他带领集团全体教师开展"伴行育人"的理论与实践研究。从"伴行管理"到"伴行育人"，"伴行"的内涵越来越丰富。从亲自谋划教科研工作，到亲自推动教科研工作，再到亲自指导教科研工作，我由衷地为南通经济技术开发区实验小学教育集团（以下简称"实小集团"）有这样一位重视教科研工作的校长而感到高兴。他让分管集团教科研的负责人将团队成员的研究成果汇编成《有你在身边："伴行育人"的思与行》这本书，实在难能可贵。前不久，他邀请我为本书作序，我欣然应允。我以为，"伴行育人"具有三个显著特点。

首先,"伴行育人"是一种前瞻的理念。清华大学附属小学窦桂梅校长曾说:"管理,也许是一种陪伴。"而赵建华校长说:"管理,就是一种陪伴。"两人的观点可谓英雄所见略同。读过赵校长写的《"伴行"管理:陪伴师生走向精神灿烂》《管理即"伴行"——"伴行管理"的思与行》《"伴行"管理:让学校文化与师生心灵共舞》等系列文章,我对"伴行管理"有了更深刻的理解与感悟。作为一种育人理念,"伴行"犹如灯塔,照亮了每位行政管理者的前行之路,也照亮了每位师生的成长之路。文字折射思想,思想嵌入文字。一篇篇随笔中,以理念点亮行动、以行动诠释理念的语句俯拾皆是。由此可见,"伴行育人"理念已经成为师生们的精神之光。有光的学校,是孩子迷恋的地方;有光的老师,是孩子崇拜的榜样。

其次,"伴行育人"是一种创新的模式。立德树人是教育的根本任务。"伴行育人"是学校落实立德树人的校本化创新实践。本书从校际伴行、党建伴行、治理伴行、课堂伴行、班建伴行、研训伴行、家校伴行、同人伴行等八个方面,全面构建了"伴行育人"的行为系统。可以说,该行为系统几乎涵盖了学校管理的方方面面,每个方面都有详细的阐述。课堂是落实核心素养的主阵地。以"课堂伴行"为例,书中呈现了问题式伴行、任务式伴行、项目式伴行等多种课堂育人模式。虽然课堂模式不同,但育人的核心要义是相同的。其实,书中每个故事都体现了一种育人方式乃至育人模式。以故事的形式来讲述校园里发生的伴行人物、伴行事件等,本身就是一件富有创新意义的事情。

最后,"伴行育人"是一种高超的智慧。伴行是方式,育人是目的。"伴行育人"是以伴行的方式实现育人的目的。尽管当前学校管理者提出的育人方式犹如百花齐放般多姿多彩,其中也不乏一些争议之声,但我对"伴行育人"的提法还是十分认同的。这不仅是我个人的意见,也是很多专家学者的共识。提出一种新概念,要得到别人的认同,这的确需要一种智慧。伴行,似乎很容易,但有时又很难。在实小集团,每天早晨8:08,赵校长在全体教师群里发布"建华伴读100秒"千字文,讲述发生在校园里的新鲜事,介绍学校的优秀教师,传递校园正能量。日更一文,天天如此。如今,它已经成为教师每日必备的"精神早餐"。这是一种管理智慧。赵校长用文字的力量激活教师们的热情,用赏识的力量激发教师们的心灵,用坚持的力量激荡教师们的梦想。每位教师已将这种力量内化于心,外化于行。

总之,"伴行育人"具有理念的前瞻性和实践的创新性。读完这本书,我掩卷深思:学校管理者是什么样的人?我想,学校管理者应该是陪伴着师生一起走向精神灿烂的人。我深知学校管理工作的艰巨性、复杂性和长期性。本书不仅为学校管理者提供了宝贵的、可资借鉴的管理经验,也为一线教师开展创造性工作提供了重要的参考价值,更丰富了学校管理的育人视角。

由衷地期盼,在赵建华校长和他的管理团队的共同努力下,"伴行育人"之花越开越鲜艳,集团化办学之果越结越丰硕。

倪 娟

(江苏省教育科学研究院基础教育研究所所长,博士,二级研究员)

序 2
有一种关系叫伴行

我投身教育工作已近40年，其中担任"一把手"校长快30年了。多年的管理经历告诉我，管理其实并不难，大道至简，管理的核心就是经营关系。好的关系，成就好的教育。学校管理学就是一门关系学。干群之间、师生之间、家校之间……只要关系理顺了，局面就打开了；只要关系好了，工作就畅通了；只要关系和谐了，教育就美好了。这一切，都离不开彼此伴行、相互温暖。

基于这一认识，我积极申报并成功主持了江苏省教育科学"十四五"规划2023年度重点课题"伴行育人的理论与实践研究"（B/2023/03/179）。我和课题组成员以课题研究为抓手，持续推动集团化办学背景下学校治理方式变革、教育教学模式转型、师生成长路径突破等，实现了学校发展和师生成长的同向奔赴。如今，我们将探索路上的思考、实践、感悟编入《有你在身边："伴行育人"的思与行》一书，以期与更多的教育工作者分享我们的收获。

一、为何要编这本书

编写此书的初衷，源于我们对教育本质的深度思考。教育，从来不是孤岛上的独奏，而是广阔天地间的交响乐。集团化办学，更是要求我们打破校际壁垒，实现差异协同发展。然而，在实践中，我们发现，简单的资源整合并不能真正实现教育的深度融合与高质量发展。于是，"伴行"的理念应运而生。

"伴行"强调的是管理者与教师、教师与学生、学校与学校之间的陪伴与共同前行。它要求我们在教育的每一个环节中，都能以平等、尊重、理解的心态，去倾听、去支持、去引导。而"伴行育人"，则是将这一思想进一步升华，并贯穿于教育教学的全过程，成为我们育人的核心理念。

我们深知，教育的真谛在于"育"。而"育"的过程，是心灵与心灵的碰撞，是情感与情感的交融，是智慧与智慧的启迪。因此，我们希望通过这本书，将"伴行育人"的理念传播出去，让更多的教育者认识到，教育不仅仅是知识的传授，更是情感的陪伴、人格的塑造、精神的引领。

同时，我们也希望通过这本书，为集团化办学提供一份可资借鉴的实践样本。这些经验，既是我们对过去工作的总结，也是对未来教育的展望。

二、为何选用随笔的方式呈现

在决定如何呈现这些研究成果时，我们选择了随笔这一形式。这并非一时兴起，而是深思熟虑的结果。

首先，随笔具有自由灵活的特点。它不受文体、篇幅的限制，可以随心所欲地表达作者的真实想法与感受。在教育实践中，我们有着太多的感悟与思考，这些感悟与思考往往是碎片化的、即时性的。随笔的形式，正好能够捕捉这些稍纵即逝的灵感，将其定格为永恒的文字。

其次，随笔注重情感与个性的表达。教育是一项充满情感的事业，我们的每一次尝试、每一次创新，都蕴含着对教育事业的热爱与执着。随笔能够让我们以最真挚的情感、最独特的视角，去描绘教育的点点滴滴。这样的文字，不仅具有说服力，更能触动人心。

最后，随笔易于阅读与传播。随笔以其简洁明了、深入浅出的特点，能够迅速吸引读者的注意力，并引发共鸣。我们相信，通过随笔的形式呈现我们的研究成果，能够让更多的人快速了解"伴行育人"的理念，并将其应用于自己的教育实践中。

三、这本书的特色表达

《有你在身边："伴行育人"的思与行》一书，具有以下几个鲜明特色。

1. 实践性。书中的每一篇文章，都是基于我们集团化办学的实践探索而撰写的。它们不仅记录了我们的成功经验，也反思了我们的不足之处。这样的文字，既具有实践指导意义，又能够引发读者对教育的深入思考。

2. 系统性。我们从校际伴行、党建伴行、治理伴行、课堂伴行、班建伴行、研训伴行、家校伴行、同人伴行等八个方面入手，全面展示了"伴行育人"理念在教育实践中的具体应用。这样的结构安排，既体现了我们对教育全方位的关注与思考，也方便了读者根据自己的需求进行有针对性的阅读。

3. 人文性。书中充满了对教育事业的热爱与执着和对师生的关怀与尊重。我们用文字记录下教育过程中的感人瞬间，以期用情感温暖每一个读者的心灵。这样的文字，不仅能够激发教育者对教育事业的热情与信心，也能够让更多的人感受到教育的温度与力量。

4. 创新性。"伴行育人"本身就是一个创新的教育理念。在书中，我们通过生动的故事，展示了这一教育理念在教育实践中的创新应用。这样的内容安排，既体现了我们对教育创新的追求与探索，也能够为其他教育者提供有益的启示与借鉴。

总之，本书是我们对"伴行育人"理念的一次梳理与总结，也是一次谋划与展望。我们相信，这本书的出版，不仅能够为集团化办学提供一份宝贵的实践样本，还能够为更多的教育者提供一份有益的精神食粮。愿我们走在教育的大道上，因为伴行，生命就拥有了更多向上的力量。

赵建华

（江苏省南通经济技术开发区教育工委副书记，南通经济技术开发区实验小学教育集团党委书记、总校长，江苏省小学语文特级教师，正高级教师）

CONTENTS

目录

第一章　校际伴行：和实生物，同则不继　　　　　　　　　　/001
思维对了，工作也就顺了　　　　　　　朱　军 /003
后勤管理的匠心独运　　　　　　　　　姜　兵 /006
因为伴行，所以闪耀　　　　　　　　　许宏波 /009
让科学教育点亮童年　　　　　　　　　茅志刚 /012
在心里种春天　　　　　　　　　　　　王俊峰 /016
写在童真园里的心心念念　　　　　　　朱　剑 /019
人人都是"小先生"　　　　　　　　　叶小飞 /023
我们一起携手向远方　　　　　　　　　张秀娟 /026

第二章　党建伴行：不萤微范，造炬成阳　　　　　　　　　　/029
梦想，会开花　　　　　　　　　　　　殷晓琴 /031
点亮星星的人　　　　　　　　　　　　顾园园 /034
从"我"到"我们"　　　　　　　　　汤春锋 /037
孩子的名字叫"幸福"　　　　　　　　顾浩月 /040
阳光下的活力画卷　　　　　　　　　　许文明 /043
"星星"相印　　　　　　　　　　　　施晓玲 /047
"我爱你"和"谢谢你"　　　　　　　单　舒 /051
倾听心灵的呼唤　　　　　　　　　　　汤一帆 /054

第三章　治理伴行：物无妄然，必由其理　　　　　　　　　　/059
台前幕后的那些事　　　　　　　　　　倪新琴 /061
优秀是这样练成的　　　　　　　　　　黄　鑫 /065

现场是后勤服务的"第一课堂"	邬青松	/068
向美而行	赵 红	/072
从"推动者"到"陪伴者"	朱 琳	/075
录课诊断,别样成长	张小玲	/079
我们在一起	许 可	/083
我在你身边	黄嫣琳	/086

第四章 课堂伴行:同声相应,同气相求 /091

种子的信仰	李小琴	/093
拔河,我们雨中再相逢	刘银梅	/097
一场温暖的伴行之旅	祝燕飞	/101
听听"a"	陈 云	/104
让课堂"玩"出精彩	郭维维	/107
珠随心动	杨晓林	/110
问,故知新	陈红燕	/115
我的讲台,你的天地	施冬霞	/118
麦田里的课堂	郁丽艳	/121
看见你,照亮我	郁菊香	/124
成长,因为有你	高 颖	/128
"码"力全开	徐 达	/132
课堂因技术而更有效	周云鹏	/135
当好学生的"陪跑"	吴小菊	/139

第五章 班建伴行:教之以事,而喻诸德 /143

一波三折的夺冠之路	丁彩娟	/145
别让标签束缚了成长	浦海虹	/149
我们一起吃好饭	何 爽	/152
等一等,就会发现	曹银凤	/155
遇你,予你,与你们	郁敏华	/159
好好玩	周春霞	/162

"心"花朵朵开　　　　　　　　　　　　　　陈　婷 /165

　　当"漂流"开出花　　　　　　　　　　　　　杜云云 /169

第六章　研训伴行：弦歌不辍，芳华待灼　　　　　　　　　/173

　　一纸聘书的分量　　　　　　　　　　　　　严亚雄 /175

　　我的赛课之路　　　　　　　　　　　　　　邱　天 /179

　　以画为韵，相伴成长　　　　　　　　　　　刘若晖 /182

　　总在我左右　　　　　　　　　　　　　　　赵沈艺 /185

　　走，去看最美的风景　　　　　　　　　　　唐　蓉 /188

　　在一起，星光斑斓　　　　　　　　　　　　陆冬妍 /192

　　和声为伴，且歌且行　　　　　　　　　　　白　净 /195

　　一路书香与共　　　　　　　　　　　　　　姚徐赟 /199

第七章　家校伴行：耳濡目染，不学以能　　　　　　　　　/203

　　和你一起成为更好的自己　　　　　　　　　徐　婷 /205

　　放"糖"，也放"盐"　　　　　　　　　　　陈佳楠 /209

　　陪你成长，看你飞翔　　　　　　　　　　　吴金花 /212

　　让伴行勾勒出爱的轨迹　　　　　　　　　　陈　爱 /216

　　温暖伴行：给予我们勇气与底气　　　　　　李晓明 /219

　　心有羽翼自飞翔　　　　　　　　　　　　　杨东进 /222

第八章　同人伴行：青山一道，同担风雨　　　　　　　　　/225

　　伴行，给成长一个向上的力量　　　　　　　龚梅花 /227

　　在伴行中遇见更美的自己　　　　　　　　　顾建锋 /230

　　每一颗星星都有属于自己的光芒　　　　　　赵亚宁 /234

　　一场向美而行的遇见　　　　　　　　　　　张小娟 /238

后记　因为伴行，所以致敬　　　　　　　　　　　　　　 /241

第一章

校际伴行：和实生物，同则不继

"和实生物，同则不继"出自《国语·郑语》，意思是和谐与差异促进发展，单一重复导致衰败。在集团化办学背景下，就是要构建多元共生的教育生态，实现校区间差异协同发展。

在教育的广阔天地里，校际伴行宛如一条坚韧的纽带，将各个校区紧密相连，使大家共同承载集团化办学的梦想与希望，稳步前行。伴随着新时代教育改革的浪潮，集团化办学行稳致远，伴行的力量让教育的光芒在每一片土地上熠熠生辉。它不仅是集团理念的碰撞与融合，更是集团资源的共享与互补，共同绘制出一幅幅教育的宏伟蓝图。集团化办学，让各校区同向而行，共赴灿烂。

集团化办学，点燃校区办学的火种。它如同一位智慧的导师，引领着各个校区在教育的道路上探索前行。通过共享优质教育资源，传递先进教育理念，激发各校区办学的活力与创造力，让教育的火花在每一个角落都得以绽放。

集团化办学，催生校区办学的智慧。它像一座知识的宝库，汇聚着各校区的智慧与经验。在集团化的框架下，各校区得以相互学习、相互借鉴，共同应对教育中的挑战与困境。智慧的火花在交流与碰撞中不断迸发，为教育的创新与发展注入源源不断的动力。

集团化办学，凝聚校区办学的合力。它宛如一座坚固的桥梁，连接着各校区的心。在集团大家庭中，各校区不再是孤立的个体，而是携手并肩的伙伴。它们共同承担着教育的使命与责任，共同为孩子们的成长撑起一片蓝天。凝聚的合力让教育的力量更加磅礴，让每一个校区都能在集团领导下茁壮成长。

　　集团化办学，如同春日里绽放的花朵，绚丽多彩。在集团化的引领下，各校区呈现出各美其美、美美与共的生动办学局面。教育的光芒在每一个校区都得以闪耀，孩子们在优质的教育环境中茁壮成长，享受着知识的滋养与生命的洗礼。校际伴行，让教育的力量更加强大，让教育的未来更加光明。

思维对了，工作也就顺了

朱 军

2024年9月20日，我参加了实小集团育才校区行政例会。会上有要事会商环节，学生指导中心朱琳主任讲："我看到的问题是，各个班级的图书角放置的位置不一致，有的在讲台右角边，有的在黑板报前，显得和环境不和谐。我的解决方案有两个，一是统一放置到教室后面，需要采购一些货架式的收纳木架；二是同时考虑收纳劳动工具，采购一些柜子。大家一起议一议。"旁边的祝燕飞主任接话："有没有微调方案？"汤春锋校长问："有没有更好的方案？"于是，你一言我一语，大家围绕方案展开了讨论。

会议小结时，新任校长叶小飞说："我赞赏朱主任带着问题和方案上会讨论，中层就是要带上方案请示工作。""今天又遇见了美好，大家的议事工作方式在改变，氛围和生态在改变。"我看到这样的场景，看到这样主动思考的身影，为团队欣喜：改变正在发生。育才团队每一个轮子都在发力开动，引领干群和教师形成工作合力。

亲历了叶校长几次工作的过程，感受了他的工作艺术，我心里忽然冒出来几个疑问：叶小飞校长的工作方法是什么？用什么词来形容比较合适呢？在集团与各位校长一路伴行，要表达出对叶校长的印象，我心里很快冒出了几个词："狐狸""头狼""海豚"，这些词似乎很贴合他的特质。

记得上学期的某一天，和叶校长会商近期的工作，见他掏出手机："许校，中午准备开个行政组会议，议题是讨论班主任的人选，这个事情还得您来把把关。"电话那头："我在新河，这样，你先把你的思路简单说说。"叶校长"这个那个"一通。电话那头："你的意见我赞同。你先召集开个会，如果有新的观点，你再跟我说。"当时感觉叶校长工作有艺术。

似曾相识的故事又来了。2023年11月20日上午，我一到龙腾校区，叶校长就拉上我到了图书馆三楼。"这个地方约100平方米，你帮我出出点子，怎么做成教师的阅读充电和怡心休息场所？"聊了一会，姚丽和另外两位美术老师到了。叶校长说："姚老师，这里拟布置成教师的阅读区，你帮我出出点子，该如何设计？"姚丽将构思描述了一番。叶校长："太好了。这一块全部由你来设计并监督实施，怎么样？到时大家一看，哇，姚丽团队设计的，一定觉得很赞很赞。"姚丽欣然表态："我试试。"当时不禁觉得，叶校长真厉害呀，他是真的不会开会？他对于教师阅览区是真的没有策划能力吗？肯定不是，他这样做，反映了他的工作方式，应是一种智慧。

现在，一纸调令，他调到了育才校区。50多天，他做减法，绿植修建和功能室精简整理；他做加法，教师早餐提质不加价，宣传学校大屏加"亮点"；他做乘法，"我爱你们"，持续在教师群和行政群激励好师生；他做除法，"三不精神"扫除情绪灰尘，"把小日子过讲究"。

叶校长的工作智慧给了我很大的启示，我不禁追问叶校长："对学校管理者来说，他人的智慧如何为我所用？学校的每一个人都是有独特价值的，如何让校园里每个人的需要被看见，人人被尊重、被需要呢？学校的变革从哪里发生呢？"叶校长笑着说："集团赵建华书记解读过，'伴行管理'的核心就是建立关系。我如何去建立关系呢？是上下信息对称，一起做讲究的事情，点燃大家，做出微改变。"

"他山之石，可以攻玉。"的确，践行"伴行管理"，核心就是沟通、带教和激励。由此，我也贡献三个策略。

一、像狐狸一样沟通。狐狸以其机智和灵活著称。管理者需要像狐狸一样，善于交流和互动，让彼此被看见，关系更紧密。向上沟通，不仅仅是请示汇报，更要有一种开放的态度。上级往往能从不同的角度看待问题，他们的意见可能带来新的视角和价值。向下沟通，则是咨询和请教，这并不是管理者无计可施，而是一种对下属价值的认可和尊重。通过这样的沟通，管理者可以更好地理解团队成员的需求和期望，从而做出更明智的决策。

二、像头狼一样建设团队。头狼是狼群的领导者。学校管理者应像头狼一样，坚定方向，保持动力。他们需要有清晰的目标，合理分工，并激励团队成员。他们不仅承担责任，还懂得如何分配责任，让团队成员有机会成长。叶校长有句名言："你去做，做不成算我的责任。"这种态度能够激发团队成员的积极性，让他们成为追随者，而不是被动的执行者。

三、像海豚一样创新思维。海豚以其高智商、灵活性和创造力著称。学校管理者需要创新和智慧。管理者的思维和决策，会对整个学校产生深远的影响。打开思维的天花板，提高思维的上限。更好的思维可以打造更好的工作方式。这种思维方式和工作方法，可以帮助管理者和团队成员彼此看见，共同建立一个强大的团队。

让学校的变革悄然发生，用叶校长的话说："每颗脑袋都是一个宝。"这意味着，无论是上级的指导还是下属的意见，这些信息都要在组织内部流通，从而减少误解和冲突。

让学校的变革悄然发生，用叶校长的话说："要解放生产力，不要限制生产力。"这意味着，通过设定目标和激励措施来引导团队，提供必要的支持和资源，给予团队成员责任和机会，让他们在实践中学习和成长。

让学校的变革悄然发生，用叶校长的话说："用更好的思维打造更好的工作方式。"这意味着，要鼓励创新，不断寻求改进和优化的方法，创造一个积极、高效和有凝聚力的工作模式。

校际伴行，我遇见了叶小飞式的学校管理者。我期待遇见更多善于像狐狸一样沟通，像头狼一样建设团队，像海豚一样创新思维，有效地利用集体的智慧，充分解放生产力的管理者。用更好的思维打造更好的工作方式，不仅能够提升团队的整体表现，也能够促进每个成员的个人发展，最终实现学校的高质量发展。

后勤管理的匠心独运

姜 兵

清晨，第一缕阳光轻柔地洒落在校园屋顶，实小集团新河校区食堂门口，供货商的车辆如约而至。后勤保障中心的邬青松主任早已精神饱满地在此等候，准备开启新一天的食材验收工作。一旁的验收教师手持票据，站立一旁，眼神专注且敏锐。

"茄子450斤。"司务长沉稳地报数，同时熟练地为茄子过磅。验收教师则认真地记录着每一个数据，一边熟练地检查着茄子的外观等，不放过任何一丝瑕疵。"虾仁240斤。"随着声音响起，验收教师迅速打开装虾仁的包装箱。就在这时，他们敏锐地发现有一袋虾仁颜色异常，凭借着丰富的经验，瞬间警觉起来。邬主任拿起这袋虾仁，先是端详虾仁的色泽，接着轻轻嗅闻气味，然后用手捏了捏，果断判断这袋虾仁品质可能存在问题，毫不迟疑地予以退货。

阳光悄然透过树叶的缝隙，洒在校园的小道上。实小集团育才校区后勤保障中心的肖杰主任如往常一般在校园内巡查。他来到教学楼后园的景观小亭时，敏锐地察觉出一丝异样，小亭似乎有些摇晃。肖主任的心顿时一紧，立刻快步走进亭子仔细查看。只见那四根木质立柱因长期受雨水侵蚀，根部已然腐朽，小亭随时有倾倒的危险。肖主任不敢有丝毫耽搁，匆匆忙忙地走进校长办公室，急切地说道："吴校长，教学楼后景观小亭发生摇晃，有倾倒的危险，需要马上处理。"吴校长听到这个消息，立刻放下手中正在批改的文件，眼神中透露出关切与果断，起身与肖主任一同赶往现场。

来到小亭旁，吴校长立即查看立柱情况，眉头微微皱起，深知问题的严重性。他当机立断,决定马上组织人员拆除小亭,以确保师生安全。在吴校长的指挥下,后勤工作人员迅速行动,及时进行了拆除。正是因为后勤工作人员日常细致入微的巡查,才能够及时发现潜在的安全隐患,避免了可能发生的危险。

当夜幕缓缓笼罩校园,实小集团能达校区后勤保障中心的徐凯宁主任依旧坚守岗位。他全神贯注地思索着如何借助智能化模块实现远程控制用电。为此,他曾不辞辛劳地走访调研,虚心向专业人士请教,认真记录下每一个宝贵的建议和经验。回到学校后,他又马不停蹄地开展实验,一次又一次地尝试不同的方法和技术。在2023年年底,配电间终于迎来了全新的用电管理智能化模块。此模块功能强大,既能远程检测用电量,又可远程检修线路,还能定时开关,并具备防触电功能,让校园的用电管理更加科学、高效、安全。

放学后,校园显得格外安静,其他人都已离开,徐凯宁主任独自守在配电间,开始了精心细致的测试工作。他神情专注,时而查看仪表上的数据变化,时而检查线路的连接情况。每一个参数的调整,每一个功能的验证,他都做得一丝不苟。

这样的情景和画面,在实小集团各校区不断上演。这是后勤管理人员对工作的执着坚守,对广大师生生命和健康的高度负责。集团总校长赵建华曾说:"什么是工作认真细致?当然不是喊在嘴上,而是落实在行动上,是讲究方法去落实。"作为集团副校长的我,自然深知认真细致的工作态度对于后勤和安全管理工作有着不同寻常的意义。行走在集团每一个校区,巡视在校园的每一个角落,走进食堂的每一个功能间,与校区后勤管理人员一同进行食材验收,仔细检查每一处设施设备的运行状况。同工作人员深入交流,认真倾听他们对于后勤管理的意见和建议,共同探讨如何进一步优化校园环境,提高服务质量。在总校长的倡导下,后勤工作人员的管理行为发生了深刻转变。他们不再满足于完成工作,而是深入每一个细节,用心去发现问题、解决问题。

在进行食材验收时,相关人员不再是简单地清点数量,而是严格按照标准，对食材的品质进行仔细甄别。他们深知，每一份食材的质量都关系到师生的健康，容不得半点马虎。这种对品质的执着追求，让师生们能够吃得放心、安心。

在安全隐患排查时，相关人员不再是走过场式的检查，而是用心观察每一个角落，不放过任何一个可能威胁师生安全的隐患。一旦发现问题，立即采取行动，绝不拖延。这种认真负责的态度，让校园的安全得到了切实保障。

在校园维修改造时，相关人员不再是敷衍了事地进行表面工程，而是像专业的工程团队一样，全面评估设施设备的功效，妥善解决潜在问题，确保运行的安全性和稳定性。他们深知，每一处设施设备的完善都关系到师生的学习和生活质量，容不得一丝懈怠。

集团总校长赵建华带领校长室成员身体力行，走进每一个校区，到达每一个现场，让管理工作变得更加扎实、更加有效。伴行，不只是思想的引领，更是行动的践行。伴行后勤，让每一位后勤工作人员都深刻理解，工作认真细致不是一句空洞的口号，而是要落实在每一个行动中，体现在每一个细节里。唯有如此，我们才能真正守护好校园，为师生们创造良好的学习和生活环境，让他们在这片充满关爱和温暖的土地上，快乐地学习，愉快地生活。

因为伴行,所以闪耀

许宏波

实小集团能达校区这所年轻的学校,自 2017 年在实小集团的怀抱中诞生,便以其璀璨的成就迅速在教育的星空中熠熠生辉:2024 年,在市区邱成桐少年班的选拔赛中,能达校区的学子们如同破茧的蝴蝶,6 名学子从 14 000 名毕业生中脱颖而出,让能达校区成为市区 48 所小学中的佼佼者。

是什么让一所年轻的学校能够取得如此优异的成绩?回首往昔,时光里记载着耕耘与收获,彰显着生命与使命的同行。

2016 年,随着南通经济技术开发区社会经济的蓬勃发展,实小集团决定在能达商务区新建一所小学。项目立项于 2016 年 9 月,于 10 月 18 日破土动工,领导要求确保于 2017 年 9 月开学。面对重重审批、多方协调和设备采购的挑战,实小集团行政班子全力以赴,分工合作,多方协调。赵建华总校长负责与上级领导对接,我负责与代建单位和施工单位的协调,茅志刚主任负责设施设备的采购招标。在我们的共同努力下,2017 年 6 月土建部分顺利竣工验收,8 月 20 日前所需设施设备全部到位,8 月 29 日一年级新生如期报到,项目得到了区党工委管委会领导的高度肯定。能达校区的办学初期,离不开实小集团的倾力支持。2017 年 6 月,集团派出了最强的管理团队和最精良的教师队伍。我担任能达校区执行校长,原实验小学的主任们分别负责德育、后勤和教学工作。当年一年级 9 个班的任课教师,大部分都是区级以上骨干教师,好几位教师曾在原单位担任过中层领导。随着集团的不断发展,规模扩大到五个校区,当初派往能达校区的骨干队伍中,相当一部分同志都成了各个校区的校长、副校长,他们的成长轨迹,恰是能达校区迅猛进步的有力证明。

能达校区的故事,讲述了一群教育者如何用智慧和汗水,将一所新学校打造成教育的瑰宝。这不仅是一个关于成长和成功的故事,更是一个关于梦想和希望的故事。在这个故事中,每个孩子都是主角,每个教师都是引路人,每个家长都是支持者,共同编织着能达校区这个大家庭的美好未来。

近年来,教师团队迅速崛起并取得了显著的成绩。3位教师荣获省级优质课评比特等奖,超过10位教师获得市级优质课评比一等奖。学校亦获南通市五项管理示范校、南通市新优质学校、江苏省"双减"示范基地学校等多项荣誉。能达校区所取得的成绩和社会的广泛认可,是集团化办学模式成功实践的体现,是优质教育资源有效配置的明证,也是"伴行管理"策略开出的美丽之花。

我想到了青年教师邱天。她于2018年踏上讲台,以满腔的热情和不懈的努力,书写了一部属于自己的励志剧。她参加南通市"领航杯"小学语文优课评比时的一幕幕,温暖又令人难忘。学校聘请了专家对她进行指导,专家以丰富的经验和深邃的见解,帮助她把握教学的脉络,洞察课堂的精髓。她的备课团队则像是一支精锐的部队,他们一起精心策划设计,反复推敲每一个环节,确保教学能达到最佳效果。最终,功夫不负有心人,她获得了一等奖第一名的佳绩。之后,她又在江苏省"领航杯"小学语文优课评比中再次惊艳全场,荣获特等奖。曹越老师也是如此,不仅自身刻苦钻研,还善于与同伴切磋交流,并勇于向专家请教学习。她总是能用一种让人心悦诚服的方式,让学生们的心灵得到滋养。自然而然,她踏上了成长的快车道,也享受着奋斗带来的幸福感。在江苏省心理优课评比中,她一马当先,斩获特等奖。捷报频传,2024年,朱佳君老师在江苏省"领航杯"美术优课评比中也获得了特等奖。我想:一个奋发向上的集体可以激发个体的无穷力量,每一个教师都会在优秀的集体中迸发巨大的潜能,这就是伴行的魅力!

自诞生之日起，能达校区就自带集团的 DNA，闪耀"伴行"的温暖之光。在这里，教师们就像一群乐此不疲的探险家，在彼此的支持、陪伴下，在集团的指引下，不断探索教育的"新大陆"，创造了可喜的"能达效应"。

在制度建设上，能达校区在集团的指导下，建立了一套科学、规范、高效的管理体系。同时，学校还倡导民主，鼓励学生、家长和社会各界参与学校的决策和监督，形成了一个良好的社会共治格局。在教师培养方面，能达校区又通过组织教研活动、教学比赛、教师培训等活动，为教师提供学习和交流的平台。同时，学校还鼓励教师参与课题研究、发表学术论文，提升教师的科研能力和学术水平。

在课程设置上，能达校区紧跟时代步伐，不断更新和完善课程体系，以满足学生多元化的学习需求。除了传统的学科课程，学校特别重视"行走学习"，将课堂知识与实际体验相结合。组织学生走出教室，走进自然、社会和文化场所，在真实的环境中学习和探索，从而获得更深刻的理解和感悟。这种教学，不仅拓宽了学生的视野，还激发了他们的学习兴趣和主动性，培养了他们的创新意识和实践能力。

如今，能达校区成长得活泼泼、欣欣然。在这里，每一个学生都能找到属于自己的舞台，尽情展示才华，书写属于自己的精彩篇章。能达校区的成长与成功，不仅是集团化办学的成功典范，更是伴行思想的生动体现。今后，学校将继续坚持"千里之行，始于足下"，追求"能者为师，成己达人"，努力培养具有"能达风度、中国心智、国际视野"的新时代学子！

让科学教育点亮童年

茅志刚

科学教育是提升全民科学素质、建设教育强国、实现高水平科技自立自强的重要基础。党的十八大以来,习近平总书记在多个重要场合强调要在教育"双减"中做好科学教育加法。江苏省特级教师、实小集团总校长赵建华用他的管理理念告诉我们:"伴行管理"是支持管理,是关联管理,是在场管理。近年来,我带领实小集团星湖校区管理团队创建科学教育特色学校,以童真之眼,勾勒出一幅全景式的科学探究画卷。我们力求以"伴行管理"为钥匙,打开学生的智慧大门,以科学教育为炬,点亮他们的童年,照亮他们前行的道路。

一

"杨利伟卫星馆"是学校设置的科学探究场馆之一,非常受孩子们欢迎。卫星馆的墙上张贴着一张张精美的手抄报,那是孩子们制作的,是他们探索后的心灵印记,上面无一不诉说着他们对航天的无限向往。"伴行管理"是支持管理,"伴行管理"认可每个人都有自成长力。为了这份向往,也为了让更多孩子有更好的参观体验,学校组织选拔了一批爱好航天科学的红领巾讲解员,由他们带领同学们共赴科学知识的盛宴,携手前行,共同成长。

场馆开放日,一群怀揣梦想的稚嫩孩童,在教师的带领下,满怀好奇地踏进了"杨利伟卫星馆"。一踏入馆门,孩子们的目光瞬间被那一个个栩栩如生的航天模型所吸引,红领巾讲解员也开始讲解了:"同学们,你们知道杨利伟叔叔曾经乘坐的神舟五号飞船长什么样吗？大家请朝这边看。"孩子们探身细看，脸上都洋溢着惊喜之情。在卫星展示区，讲解员手指一个个卫星模型，生动地讲述着它们的结构和功能。孩子们不时发出阵阵惊叹。随后，孩子们一起步入视频区，观看航天发射的震撼场景，一个个情不自禁地欢呼雀跃。

在参观的过程中，讲解员还向同学们讲述杨利伟叔叔的传奇故事。参观结束时，带队教师让讲解员和同学们在馆前合影留念。"伴行管理"所给予的真诚、用心的陪伴，就是一种精神性的支持。从某种意义上来说，伴行就是相信学生能够自我成长，就是希望学生进入"成长像呼吸一样自然"的状态。一次次的卫星馆之旅已在他们心中埋下了科学的种子。在这里，小小讲解员，还有每一个参观的孩子，都有可能成为下一个杨利伟，怀揣着对宇宙的无限好奇与向往，飞向更加辽阔的星辰大海。

二

学校管理者与师生是紧密关联的，即校长与师生一道建立丰富而紧密的联系，与教育世界建立多样化的联系。教师关联学生成长。身为管理者和教育者，我们深知，教育的本质在于关联，在于洞察目标间的千丝万缕的关系。

这是发生在学校社团课上的一幕。四季春阳光房里，教师托起一株开花的向日葵，对孩子们说："瞧，这便是生命的奇迹。从一粒微不足道的种子，到现在的生机勃勃的花朵，植物究竟走过了怎样的一段旅程？"孩子们围成一个圈，眼眸中闪烁着好奇的光芒。教师引导他们细细观察向日葵的叶子："你们可知道，叶子对植物来说，有什么作用呢？"一个小男孩立刻举手，答道："是呼吸！植物凭借叶子吸纳二氧化碳，释放氧气！"看到有的孩子脸上露出不解和惊讶的神情，教师便组织他们利用显微镜观察植物的叶子。在教师的指导下，孩子们惊喜地发现，那些细微的开口，正是植物与外界进行气体交换的神奇之门啊！

最后就是"奇妙的叶子"主题绘画创意活动，孩子们拿起彩笔与纸张,描绘出自己心中最喜欢的植物叶子。有的绘出宽大的香蕉树叶,有的绘出优雅的天堂鸟叶子,有的则选择描绘刚刚教师展示的向日葵叶子……这些叶子有的在唱歌,有的在跳舞,有的在尽情呼吸。孩子们将画作张贴在阳光房的外面,每一幅作品都洋溢着纯真的童趣与无尽的创意,更是他们对所学知识的独特诠释。

像这样的情景其实每周都在阳光房里发生着。校园是精神孵化器、价值智造营。在这片绿意盎然的世界里,在学校和教师的支持、陪伴下,孩子们学会了观察、学会了思考,更重要的是,他们学会了敬畏自然、珍爱生命,从而走向精神灿烂。

三

"伴行管理"是在场管理,共同坚持,彼此陪伴。小杰是我们重点关注的一名特殊儿童,他性格孤僻,胆小自卑,不善与人交流,但自幼与父亲学下棋,象棋是他唯一的朋友。从班主任那里了解到这个孩子的具体情况后,我们决定用科学手段和科技力量去帮助他。

一个午后,我约上小杰的班主任和科学老师,一起陪伴小杰进入了学校的"太真啦影音阁"。一进门,他的视线就被一台造型别致的机器人牢牢吸引——元萝卜 AI 下棋机器人。他好奇地快步走向机器人,科学老师迅速帮他开启挑战按钮,小杰便与机器人展开了一场较量。刚开始,他还以为这不过是一场寻常的对弈。然而,很快他便意识到,机器人的实力远超他的想象,这让小杰感受到了前所未有的挑战与乐趣。结果不出意外,小杰输给了机器人,但他的脸上却绽放出了难得的笑容。

自那以后,在机器人的多次陪伴下,小杰的棋艺日益精进,他开始在学校比赛中崭露头角,更在一次区级棋艺比赛中斩获佳绩。这些成绩令小杰变得自信、开朗,学会了与人相处,逐渐融入了班集体之中。他的改变与成长让他的家人惊喜不已。这一切的变化,都源于"伴行管理"的温暖与力量,"在现场、在身边、在心间",让师生感受到被尊重、被重视、被认同,也让一个个不同特质的孩子更快乐地成长与进步。

"伴行管理"的理念与践行,科学教育的实施与成效,为孩子们的学习之路铺设了无限的可能。我们坚信:师生成长了,学校才有希望。

在心里种春天

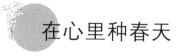

王俊峰

每个儿童的心里都有一亩田，用它来种什么？种下希望，也种下梦想。在实小集团龙腾校区的校园里，也有一片园，用它种什么？播下种子，也种下春天。

那片园子有一个诗意的名字，叫作四时园。春花夏荫，秋收冬藏，四季更迭，时光流年。四时园在二楼的露台上，每一个小小的格子都盛满了肥沃的泥土。每一个孩子都有属于自己的一方沃土，插上自己的标签，表达美好的祝愿。比如："种子会知道泥土的梦想。"又如："蒲公英飘散，总有它的方向"。

他们在小小的园子里松土、撒种，看棵棵幼苗长出稚嫩的叶子，在阳光下渐渐地蓬勃。他们在清晨的微风里浇水，在夕阳的余晖里捉毛毛虫。劳动是快乐的，劳动的快乐不仅仅来自动手，也来自发现和创造。江苏省特级教师赵建华提出"伴行"的管理理念，落实到学校的特色化项目的打造，最朴素的理解就是以项目发展为路径，在立体化的建构里，从专业的角度，在儿童成长的道路上，赋予能量。

劳动教育是培养人的重要组成部分。"伴行管理"首先是在现场调查研究评估路径的可能性。龙腾校区有着得天独厚的自然优势：校园内，既有开阔的楼顶农庄，又有闲散的大片土地；校园外，周边良好的农业生态资源是孩子的第二课堂，大自然就是最广阔的教室、最鲜活的课堂。结合城郊地域特点，完全可以开发集综合性、实践性、开放性、创造力于一体的"泥土中的学习"劳动教育系列课程。

于是，一幕幕生动的场景出现了，一个个动人的故事发生了。

春天的时候，南通电视台《总而言之》栏目来到四时园，在园子里采访了培土的孩子。那个扎着羊角辫的女孩快乐地说："我喜欢这个园子，居爷爷带我们认识了郁金香，毛毛虫也是我的好朋友。"

六月，向日葵开花了，小小的花盘，金色的花瓣，孩子们在花下奔跑嬉戏。有个孩子不禁吟诵起两句诗：像金色的太阳，开在我的心上。我和你站在一起，和光芒深情对望。

午餐后，一群孩子搜集起了水果皮等厨余垃圾，放在桶里发酵。那是他们继在园里放生蚯蚓后，再一次活泛泥土的有效尝试——亲自制作有机肥料。

儿童节，孩子们参加歌咏比赛，演唱的是《健康歌》。在欢快的歌声里，他们笑容洋溢，为小伙伴们送上了亲手栽种的番茄和黄瓜，眼里是满满的骄傲。

以四时园为阵地的劳动项目化教育，正以各种方式悄悄地促进着孩子的发展。"伴行"就是赋能，赋的是满满的能量，能量演绎成能力的发展。孩子的劳动能力、言语表达、情绪滋养等各方面都在悄然发生着变化。赋能是相互的，这种可喜的变化也激发着项目组成员深入思考。

2023年春天，学校邀请了市里的专家对劳动教育进行了全面的指导，专家们提出了可行的建议，一个"泥土中的学习"计划应运而生。几个人，几个晚上，网上查找，深入思考，借鉴生发，终于，"泥土中的学习：城郊小学生农事教育的课程实践"计划出炉了。该项目成功入选江苏省义务教育课程与教学改革项目。

以劳动为形式的"伴行成长"深入开展起来。校园里开辟"四时园""趣茶林""惜园"等12处劳动基地，让学生与大自然亲密接触；扎根"泥土中的学习"这一课程，通过劳动教育研究与实践，启蒙学生形成劳动意识，养成劳动习惯，掌握劳动技能，让学生在手脑并用、实践体验中享受劳动，为幸福人生奠基。

以"伴行"为理念的赋能积极生成起来。当孩子们感到困惑时，教师巧妙地引导他们思考，让孩子们在探索中逐渐明白，解决问题的过程就如同一次充满挑战与乐趣的冒险。孩子们积极地向教师和家长请教,这种开放的学习态度和积极的协作精神,正是追求知识共享、共同成长理念的体现,与我们一直以来重视的团队合作与知识传承的思想不谋而合。

春生夏长、秋收冬藏,根据植物的生长规律,我们以种、理、收开展沉浸式体验活动。"二月二农事节",劳动教师组织"种豆乐翻天"活动,带着学生踩新泥、翻新土,并让学生采访有经验的农民如何耕种,认识春耕工具;科学教师组织"萌芽在春天"项目化实践活动,引导学生研究春季适宜种植的植物;数学教师开展"追踪一颗豆的收入"活动,带着学生称一颗豆的重量,定时记录,待到收获时再称重,并计算 1 平方米的收获,感受一颗豆的神奇之处……沉浸式体验活动,让农事教育变得立体、丰满、多元,让"泥土中的学习"可知可感、可触可言。

通过劳动,孩子与自然建立了深厚的联系,感受到了生命的宝贵和劳动的价值。"泥土中的学习"不仅仅是一种教育方式,更是一种生活态度。它让孩子们在实践中学会尊重自然、珍惜生命,培养了他们的责任感和创造力。

泥土总是孕育着生命,总是伴随着希望。教育就如农业,我们努力守望,在孩子的心里播下种子,然后看见春天!

写在童真园里的心心念念

朱　剑

"校长想永葆创造力,就要把一个好奇的自我浸泡在鲜活的校园中,融入师生,共同触摸学校发展的脉搏。一个富有创造力的校长,会让师生感到'校园每天都是新的'。"

——摘自"建华伴读100秒"

很喜欢赵校长的这段话,从"浸泡"到"融入"再到"新的",作为校长,我钦羡这样的行动,更心动这样的蝶变。于是,我将我的时间心心念念地融进了这个历程!

念每一个

九月,开学第一天早上。

童乐园里,一群年轻的班主任带着自己班的孩子在认领包干区。小陆老师,一个年轻的小伙儿,挥起笤帚,和孩子们一起清扫场地,他和孩子们围成了一个圈,那个圈忽而又变成一个不规则的三角,仿若一幅灵动的"小水墨";小夏老师,一个内秀的女老师,正扶着一个女生的小手教她扫地,她俩头靠头,两股马尾自然垂落,在九月的骄阳下丝缕交织、相映成趣……驻足良久,我掏出手机,定格下年轻教师的温润……

崇真大道上,高年级的哥哥姐姐牵着一年级新生的小手正走向明真楼,清澈热情的眼神与懵懂好奇的眼神相撞,自然地链接出勃勃的生机,让人心生活力!迎面,学生指导中心的郁敏华主任怀里已经抱着一个小女生安慰起来，这镜头好熟悉：前年，吴鹏程老师做导护，发现一个小男生在校门口与妈妈拗着不愿上学，吴老师走过去，贴心地擦去孩子眼角的"金豆"，随即温柔地抱起孩子走向教室，孩子有些委屈的小脸倚靠在吴老师的肩头，随即，我定格下这组镜头，发送至教师群，而后，"吴老师"就变成大家口中的"吴爸爸"……再后来，校园里就多了很多的"爸爸老师""妈妈老师"……此刻，范颖主任怀里也抱着一个小朋友，崇真大道上的那两道身影与手牵手的孩子们构成了一幅美妙的图画……这分明是晨阳里最暖的一束光，定格记录……

童真园里，"白雪公主和七个小矮人"的主景让一年级的小朋友一见倾心，这时，陆老师和一群孩子蹲在灌木丛间的画面映入眼帘，四五个孩子围着陆老师，齐刷刷地看着灌木丛下的那一块泥地，似乎发现了什么新大陆。悄悄地走近，一瞧，呵，一条蚯蚓正扭动着肥硕的身躯在泥地上打着滚儿！

"陆老师，蚯蚓会自己钻进泥土吗？"

"天气这么热，蚯蚓会热晕吗？"

"陆老师，我们能不能帮帮蚯蚓呀？"

……

陆老师边安慰着孩子，边掏出手机，在搜索栏里输入"蚯蚓……"。我悄悄地退后，定格：绿叶衬着陆老师与孩子们的侧脸，异常美丽，晨光映着他们，特别闪亮！当我再回过神时，孩子们已经四下忙碌起来，也许他们已经和陆老师想到好办法了……

每天，走在校园里，记录下校园里每个人的美好是我乐此不疲的事儿，而这些定格后来就成了我每周校务会上向老师们讲述"童真园里的故事"的素材，老师们喜欢听这些故事，而后，校园里还在上演着故事里的故事，熟悉而又美妙！

念每一堂

"孩子们，还记得朱老师上一次在你们班上课吗？"

"记得!"

"那堂课,我们一起学习了哪篇课文?"

"《花钟》。"

这是我与四年级学生的一段课前对话,的确,执教这个年级的语文课,我已经是第二次。记得上一次,为了了解清楚学校三年级孩子的语文素养到底如何,我备好《花钟》一课,在三年级的10个班上全部执教了一遍,接着以"着眼言语思维,赋能孩子欢畅表达"为题做了一个调研报告,最后向老师们发出倡议:"把课堂变成让孩子们自由呼吸的课堂!"今天,我带上了王昌龄写的《出塞》走进这个年级,想检验一下老师们这一年的实践成果!

"孩子们,你最想和诗中的谁对话?"

"我想和诗人王昌龄对话,我想问问他,他与李广将军相距800多年,这么多年了,他在诗中还提及'龙城飞将'是为何?"

"我想与诗中的'征人'对话,骁勇善战的你们,在战场上,有过害怕吗?"

课堂里有飞扬的思绪……

瞧,每上一个班的课,这个班的语文老师坐在教室后,作为观察者,观课,观学生。老师们静静地听,静静地记录,寻找孩子们表达的每个关键点。课后,他们再与我面对面交流,聚焦核心问题,努力寻找"我(我们)的课堂还缺什么"。

"朱老师,我认为课堂上孩子表达的丰富与多样一定是基于教者在课前对于文本的精读精备!"一个年轻教师自己能悟出此道,有收获!

"朱老师,教师提问的技巧太重要了!同样一个问题,不同的问法效果截然不同,这就是教师课堂言语的魅力!"真思考!

…………

随后,老师们一篇篇有真问、有真思的小论文孕育而生!

每学期,走进每个班的课堂是我要求自己坚持做的事,我希望带着"我"的问题,与老师们解决"我们"的问题,而后默契地达成共识,一起奔赴山海!下周开始,我将进入六年级的语文课堂,争取在每班教一篇课文,与老师们一起破解"如何提升高年级学生的阅读力"这个问题!

  伴着,伴着,我和师生们的行走就有了方向,一起遇见,一路芳香;行着,行着,我和师生们的心里就有了更多的希望,一起奔跑,一路阳光!

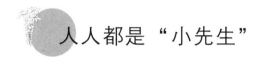人人都是"小先生"

叶小飞

还在实小集团龙腾校区时,集团会议上常听说育才校区的"小先生",我感觉很有意思。2024年暑假,一纸调令,我来到育才校区,有机会真正走近育才"小先生"。

"哇,这也太神奇啦!""原来还可以用桂花做香皂呢。""我最喜欢这个,让我再闻一闻,好香啊!""小先生秀场"下,三年级的学生伸长脖子,身体向前倾,恨不得整个人扑到秀场上。他们的目光紧紧盯着台上,小眼睛里闪着好奇的光,时不时发出惊叹声。

"小先生秀场"上,一张长桌、一个铝锅、一套模具、几朵桂花,便点燃了所有孩子的热情。站在场上的是四(3)班的"小先生"周诺涵,班主任印象中的她,声音柔柔的,胆子小小的。"小先生",这个沉甸甸的称呼,对于她而言,是一次挑战,也是一次蜕变。

场上的她颇有先生风范,自信地介绍着自己展示的内容——如何制作桂花皂。她的双手灵巧,随着有条不紊地讲解,每一步都是那样沉稳;她的笑容甜美,用鼓励的目光引导场下的同学与她互动。渐渐地,同学们不再交头接耳,而是好奇地听着"小先生"说的每一句话,仔细地看着"小先生"的每一个动作。多美好的一幕!

桂花香浸润了校园,"小先生"走上了"秀场"。个子不高的人、双手可能都握不住话筒,却勇敢地站到了秀场上。三年级的四位讲故事"小先生"毫不怯场,面对着四年级的哥哥姐姐们,脱稿流利地讲出了关于桂花的故事,声音洪亮,绘声绘色。场下的学生们听得津津有味,手掌都拍红了。这四位"小先生"会永远记得这一天,他们站在秀场上,给哥哥姐姐们讲起了有趣的故事;场下的小观众会记得这一天,比他们小的弟弟妹妹们成了"小先生",那关于桂花的故事多么奇妙。

是的,"先生"虽小,舞台却很大。在过去的几年内,"体育小先生""科学小先生""阅读小先生""音乐小先生"都曾经在这个舞台上闪闪发光,或是表演自己的绝活,或是分享自己的心得,他们被好奇、欣赏、愉悦的目光所注视,渴望被看见的心得到尊重,自信的种子在心中生根,彼此相伴而行,一起向前走。

校园里的桂花香,挠得全校师生的心痒痒,孩子们在桂花树下嬉戏,驻足欣赏,更有热烈奔放的孩子,偷偷捡拾几朵占为己有。走近美、欣赏美乃人之常情,何不借此机会,将课堂交给孩子,开展一次育才特色的"小先生制"实践活动,让他们去探索美、创造美呢?于是,一场以"桂香四溢"为主题的综合实践活动在学校悄然启动。

随着活动的正式启动,"小先生们"也纷纷亮相。他们有的是知识渊博的"科学小先生",为同学们讲解桂花的植物学知识;有的是才艺出众的"艺术小先生",用画笔描绘出心中的桂花树和桂花;还有的是心灵手巧的"才能小先生",亲手制作桂花糕、桂花汤圆等美食,让大家品尝到桂花的甜蜜与芬芳。在"小先生"的带领下,同学们的热情被彻底点燃。他们或三五成群,围坐在桂花树下,聆听"小先生"讲述桂花的故事;或手持画笔,在画布上尽情挥洒,描绘自己心中的桂花世界;或打开思绪,用文字记录桂花绽放的瞬间,记录下这份美好。这样的"小先生"课堂,不仅让孩子们在轻松愉快的氛围中习得了知识,更激发了他们的内驱力与创造力。他们学会表达自己的观点,倾听他人的声音,在合作中共同成长。

经过一周紧张而有序的活动,学校的"桂香四溢"综合实践活动取得了圆满成功。在活动成果展示环节,各个年级的"小先生们"纷纷上台,在"小先生秀场"展示自己的作品和成果。低年级的学生朗诵了关于桂花的童谣和儿歌,他们的声音清脆悦耳,充满了童真和童趣。"小先生"小李轻声细语地引导着："大家闭上眼睛，深呼吸，感受这桂花的香气，它是不是像妈妈的怀抱一样温暖？"孩子们依言而行，小脸蛋上浮现出陶醉的神情。随后，他们开始在"小先生"的组织下，朗诵起关于桂花的童谣："桂花树，桂花香，秋风起，满园芳……"童声清脆，如珠落玉盘，与桂花的香气交织在一起，构成了一幅温馨和谐的画面。这一刻，知识与美的种子，在孩子们的心田悄然生根发芽。中年级的学生展示了他们的观察记录表和绘画作品，一幅幅精美的画作和内容翔实的记录表，展示了他们对桂花形态的深入了解和细腻描绘。高年级的学生则带来了他们亲手制作的桂花美食、桂花香皂和宣传海报，他们不仅详细介绍了美食的制作过程和桂花文化的内涵，还分享了自己在制作过程中的心得体会和收获。"小先生秀场"上的他们，不再是害羞、胆怯的孩子，而是敢于表达、勇于展示的"小先生"！

当最后一缕秋风拂过，校园里的桂花逐渐凋零，但那份由"小先生制"激发的学习热情与探索精神，却在孩子们心中生根发芽，茁壮成长。在这场"桂香四溢"综合实践活动中，孩子们习得的不只是知识与技能，更有在现场的相互赋能、彼此激发、携手创享、共同前行。

以上，是不是正印证了陶行知老先生的那首童谣："人人都说小孩小，小孩人小心不小，你若以为小孩小，你比小孩还要小。"实小集团育才校区今天的"小先生"怎会有新时代的新样态？忽然想起，育才晨会第一事——老师们一起捧读当天的"建华伴读100秒"，就有无声胜有声的力量！给一个支点，或许就能撬动地球，不经意间就春风化雨、润物无声、水到渠成，美好早已悄然发生。

我们一起携手向远方

张秀娟

每天早上8：08，我总是带着无须提醒的自觉，和每位实小教师一起定时开启"建华伴读100秒"的随笔阅读，我从赵建华校长笔下叙述的那些人、那些事和那些情中看到他对教育方向的引领，感受到他对管理团队的鞭策，体会到他对青年教师的激励。每一天，我带着对伴行管理的深入思索，行走在能达校园，每一步似乎都蕴含着无尽的故事与启迪。

那是一个普通的午后，阳光透过树叶的缝隙洒落在四（8）班的走廊上。我经过时遇见笑容可掬的王娟老师，她正倚靠在栏杆上侧身与一位女生愉快地交谈。看见我走近，王老师先是点头微笑与我打了招呼，随即仿佛想起了什么重要事情，她一手轻轻搂着身旁女孩的肩头，一手则热情地招呼我停下脚步。"对了，张校，"王老师兴奋地说，"我们的小葛同学最近专注力强了很多。自从听了您'伴行分享'时讲述的'饮食与健康'的故事后，我给我们班几位同学调整饮食结构，建议他们少吃几类容易上火的肉类和水果，多吃补益心气的小黄米饭。现在，我们小葛变得安静、专注多了，连做作业的速度都快了许多呢！"王老师说完，低头温柔地询问女孩："小葛，你现在做作业是不是感觉轻松多了？"小葛调皮地笑着，用力点点头，那份纯真的认可让这一刻倍感温馨。

每一次行走在校园里，每一次不经意的邂逅，都可能成为美妙的教育契机。王娟老师，一位走上教育岗位仅四年的语文老师，热爱传统文化，带着孩子们在"东璧廊"种植金银花，撰写种植日记，研究药用价值。她在育人中巧妙地融入饮食智慧,不仅改善了学生的身体状况,更在无形中提升了他们的专注力和学习效率。我想,行走文化伴行,不仅让我们的身体在移动中感受校园的美好,更是心灵的交流与智慧的碰撞。

走出教学楼,我遇到背包准备下班回家的顾健佳老师。与她并排行走时,我注意到她脸上那灿烂的笑容,以及几乎完全褪去了痘印的白皙肌肤,我不由得由衷赞叹:"顾老师,肤色白、气色好,今年让你接手最调皮的五(2)班,担任班主任,真的没有难倒你,我了解过了,接手一个多月,你已经赢得了所有家长和孩子的认可。"

顾老师听后,脸上洋溢起幸福的笑容:"是的,孩子们都还是很听话的。张校,我还要告诉您一个好消息呢!记得四年前,您看见我脸上长满了痘痘,当时您说我肯定是压力很大,还细心地询问我压力来自生活还是工作。我说了两者都有,班上的男生调皮捣蛋,班级管理让我倍感压力,再加上两套房子的首付和还款压力,那段时间我真的觉得很艰难。您当时劝我,年轻人不应该背负如此重的经济压力,不要把财富看得太重,钱够用就好了。当老师,更应该追求精神世界,学当学生人生的导师,关注自己的专业成长才是其乐无穷的一件事。您还劝我卖掉一套房,减轻贷款压力,让自己轻松一点。我听从了您的建议,现在感觉工作生活都很顺利。所以一直想私下里跟您说一声'谢谢'呢。"

听着顾老师的讲述,我不禁想起了自己四年前的焦虑与困惑。2020年9月初,我刚被任命为能达校区执行校长,肩上扛起了沉重的责任。每天傍晚夕阳西下时,我总要看着校门口最后一名学生被家长接走才会长长地舒一口气,放下那颗时刻悬着的心。但紧接着,关于学校管理的种种困惑又会涌上心头。因此,我总会选择一个人默默地在操场上走上一圈又一圈,试图在行走中寻找答案。

赵校长,一位拥有30多年管理经验的名校长,是我心中的榜样。我常常思考,赵校长的"伴行管理"最能让我学习什么?他最让我敬重的人格魅力又是什么?我如何才能像赵校长一样,办好老百姓心目中的优质学校？又如何让校区的行走文化落地生根，与伴行管理高度融合？

在无数个傍晚的行走中，我逐渐找到了答案。我要做一个会讲故事的校长，通过讲述一个个生动的故事，让每一位教师的努力都有方向可循；我要做一个会"看脸色"的校长，在行走中去观察每位教师的情绪变化，让他们的焦虑与忧愁能及时化解；我还要做一个会"来事情"的校长，通过一系列有效的措施和活动，让每一位学生的综合素养得以提升……

四年里，行走文化"伴行管理"下的能达校区师生共赴旅程，相伴而行，携手成长。学生走出象牙塔，以脚步丈量世界，用心灵感悟生活，不仅学业成绩优异，更在各类社会实践与竞赛中大放异彩；7名教师在江苏省基本功、优课评比和技能大赛中获得特等奖或一等奖，18名教师在市级以上比赛中获奖，36名教师获得专业荣誉称号。党建"四行"工程品牌获评江苏省"一校一品"项目；师生研制践行的"四行"课程既符合国家要求又有校本独特追求。行知课程是对国家课程的实施，融"行"于知，以"走"促学；行善课程充分利用地方资源，将社会主义核心价值观融入其中，引导学生"向善"而行，固化"能达"品格；校本"行健""行雅"课程指向学生特长展示、全面发展……

行走校园，回忆过往，我深感自豪；展望未来，我满怀激情。我深知，"伴行管理"下的行走文化魅力还不够深远，未来的未知与挑战会让我们的教育之路更加丰富多彩。我相信，只要我们用心去行走、去感受、去实践，就一定能够走出一条属于自己的教育之路，让每一位学生都能在校园里快乐学习、健康成长。

第二章

党建伴行：不啻微芒，造炬成阳

"不啻微芒，造炬成阳"化用中国传统文化中"积微成著"的哲学思想，意思是不忽视任何微小的努力，汇聚细小的光芒可以形成太阳般的光辉。在办学过程中，让每一分基层党建的"微光"凝聚成推动教育改革的"朝阳"，以点滴之力铸就立德树人的磅礴力量。

在实小集团，"党旗润童真"宛如一面鲜红的旗帜，飘扬在每个孩子心中，孕育他们的纯真与责任。我们将红色基因一丝丝编织入校园，化为温暖的陪伴与指引，滋养孩子们的心灵。

伴行如阳光，温暖心灵。各校区通过"星妈妈""叮咚小邮""行善"服务等温馨活动，让党建品牌成为孩子们成长中的一束束光亮。每一份关怀、每一次活动，都是党旗轻轻地拂动，潜移默化地融入孩子们的心中。课堂中的言传身教，活动中的潜心参与，学生在点滴中感受到党组织的温暖，那是成长路上最深沉的力量。

伴行如灯塔，指引方向。党建不仅在校园中绽放，更在家庭中播撒温情。通过"育星课堂""行走课堂""家长学校"等活动，家长与学校携手，共同肩负起孩子的成长。这是家校间架起的桥梁，让孩子的成长在家校合力中扎根，红色基因悄然在生活的每一个角落生长，为每一个家庭带去信念与希望。

伴行如泉水,滋润四方。集团党委积极拓展党建品牌的边界,让品牌走向社会,走向更广阔的未来。各校区发起"星·悦伴"、"行之"学习等社区公益活动,携手社会各界,共建和谐。跨越校园、连接社会的互动,拉近了人与人之间的距离,让爱与善意流淌,让红色精神延展到每一个心灵深处。

"党旗润童真"党建品牌已成为实小集团一道温暖人心的亮色,党建的光芒照亮了校园的每一个角落,让孩子们成长路上充满爱与力量。伴行中的每一份守望都让孩子们在红色文化的浸润中茁壮成长,成为闪烁在他们心底的一束温柔而坚定的光芒。

梦想，会开花

殷晓琴

"润"字最早出现在秦朝小篆时代，是一个形声字，从水，闰（rùn）声，本义为"雨水下流，滋润万物"，引申为"滋润、浸润、润泽"等义。

"党旗润童真"是集团党建品牌，是新时代立德树人育人体系的创新建构。实小集团能达校区以"党旗润童真"为引领创立的"四行工程"党建品牌，由"行远"品质、"行善"服务、"行走"课堂、"行之"学习四项工程组成。其中"行远"品质以"行远"为追求，引导党员教师讲好身边的教育故事，做好教育常规小事，以党的阳光雨露滋润学生，从而唤醒学生的拳拳爱国心和深深爱党情。

一

小辰，皮肤黝黑，蓬松的自然卷发，散发着一种纯真无邪的可爱气息。没想到，一年级开学不久，班主任告诉我，小辰是一个患有多动症并伴有轻微自闭的孩子。也许是因为喜欢音乐，小辰和我走得比较近，我也发现他的节奏感和音准非常好，再加上他的特殊情况，我平时也特别关注他。一次四年级军训开班仪式，他趁班主任不注意，偷偷溜到操场，蹲在角落偷看军训。班主任找到他后，没有去打扰他，暗地观察，发现被医生诊断为多动症的他竟然能一动不动地蹲在那里看半个多小时。升旗仪式时，我也发现了他。他站得笔直，抬头挺胸，模仿教官行着军礼，嘴巴还不停地嘟囔着。仪式结束后，我问他，刚才嘴巴里嘟囔着什么呢？他说："我要变朵小红云，飞上蓝天亲国旗。"这不是我上节课才教唱的《国旗国旗真美丽》里的歌词嘛！我说："小辰，这首歌你全部会唱吗？"话还没说完，他就边比画边一字不落地唱了起来："国旗国旗真美丽，金星金星照大地，我愿变朵小红云，飞上蓝天，亲亲你……"看他这么喜欢国旗，于是，我给他讲国旗、唱国歌、讲党史，学校一有国防、军训、国庆等活动，我都会带上他，每次他都很兴奋，他也经常会送些自己叠的各式各样的纸飞机给我。

《管理即"伴行"》一书中说："'伴行管理'是支持管理，是提供精神性支持的有机管理。"就是说要认可每个人都有"自成长力"。在成长的历程中，老师所给予孩子的真诚、用心的陪伴，就是一种精神的支持。

二

五年级时，小辰在我的帮助下，加入了学校国旗训练班。小辰自己也知道，虽然加入了国旗班，但能不能成为升旗手还需要经过几轮考核。一次在苏陕交流活动中，学校和许家庙小学代表举行线上"阳光下共成长"升旗仪式。学校一直是女生班强于男生班，如此隆重的交流活动可能轮不到男生班。然而，小辰却显得格外执着，他不仅要求同伴反复练习，还不断地向其他队伍挑战，希望能够在活动中争得展示的机会。小辰的坚持和热情感染了所有人，他终于得偿所愿。苏陕交流活动的清晨，当他们的身影在朝阳中拉长，当嘹亮的"强国有我"的口号在空中回响，象征着友谊的光芒穿越时空，永远照耀在每个人的心中。

第一次当升旗手，小辰写下了他的感言："当我在国歌声中，将国旗缓缓升起的那一刻，我感受到了前所未有的自豪。那一刻，我仿佛看到了无数先烈们为了国家的独立和人民的幸福而英勇奋斗的身影。成为升旗手，让我更加深刻地理解了国旗的意义。今后的日子里，我会用我的实际行动，让国旗在我手中更加鲜艳！"

校区音乐组以小辰为原型，将他的伴行成长故事，以"旗帜下的友谊"为题编成校园剧进行各年级巡演，获得学校师生的一致好评。同时，此剧也获得了南通市第九届中小学校园艺术节一等奖。

《管理即"伴行"》一书中说："'伴行管理'是心流管理，重视激发师生的正向心流，在积极的陪伴中，让他们的生命充盈着快乐与惊喜，从而使注意力变得高度集中，全神贯注于当下所做的事情。"

"四行"工程，铺就"能达"之路。能达校区党支部外联内通，提高师生党员服务社会的能力，推动党建文化发展，创造"能者先达、成己达人"的幸福教育生活。

点亮星星的人

顾园园

著名教育家陶行知先生曾言："真教育是心心相印的活动。"深入学生的内心世界，陪伴他们经历情感的起落，这种无声的教育，往往更具感染力。这也正是集团总校长赵建华"伴行"理念中倡导的"情感在场"。唯有共情，方能与之"共舞"。

2024年5月9日，星湖校区党总支"小爱凝众力　善行暖童心"主题展示活动顺利开展，得到了领导们的高度肯定。整个活动，我的目光一直被小然同学深深地吸引。这一刻的他，笑容荡漾在脸上，与张可老师一起合唱《如果你要写爱》，是那样自信大方，光彩夺目。

可谁也不知道的是，他曾经是一个最令老师头疼的孩子。

一次党员会议上，党支部书记茅志刚和大家交流上周统计的"特殊儿童"情况，让大家想一想，学校能给予他们怎样的帮助。聊着聊着，三年级的王婧老师和大家分享了这样一段文字：

"刚回到家，我就跑回书房乖乖地写起了作业，生怕点燃我母亲这个炸药桶。果然，我屁股还没坐热，她便阴沉着脸站在门口，一种压迫感从我的脚底蔓延到全身。""我的妈妈似乎总是控制不住自己的脾气，而爸爸每一次还没开口，我都能准确猜出他要说什么，无非就是：'你今天怎么又犯错了？''你要好好听话。'真奇怪，一天没见我，怎么就没有其他话说了呢？"

"美好的童年值得人一辈子回味，可痛苦的童年却需要一生去治愈。"王婧老师说，这是他们班小然同学作文里常常出现的话语。经过了解，小然的家庭有些特殊，他有一个暴躁强势的妈妈，一个经常缺席的爸爸，让这个孩子感受不到父母的爱。于是他关闭了心门，我行我素，不易相处。听了王婧老师的介绍，在场的党员老师们也纷纷打开了话匣子，浦海虹老师说："这样的孩子我班上也有一个，家长不会教育，孩子很可怜。"于媛媛老师也和大家分享了最近发生的一件事情，晚上放学，班上有个孩子偷偷躲了起来，不愿意回家，说害怕爸爸打他。

这时，一直在认真倾听的茅志刚书记说："从一年级开始，校区着力打造慈善教育品牌，捐赠书本给贵州底寨小学，与青海玉树小学联谊，资助西藏贫困儿童，慈善送教，我们一直在进行。大家说说看，如何帮助我们本校这些特殊的孩子呢？"

"这些孩子缺少爱，家长又不懂表达，我觉得我们可以成立党员妈妈群体，在学校里陪伴他们成长，更加呵护他们的童心。"组织委员俞漪的话得到了老师们的一致赞同。最终，大家还给此次关爱行动确立了一个主题——"星妈妈"。

就这样，教师团队的每一个女性党员都成了一名特殊需求孩子的"星妈妈"。利用课余时间，我们和这些孩子谈心谈话，让他们感受到妈妈般的温柔；带着他们一起走进东篱园，在田间劳作，感受劳动的快乐；鼓励他们参加校区的演讲比赛、"吉尼斯挑战赛"，展现闪光之处；"六一"儿童节，和他们一起在食堂学做早饭……无论是生活还是学习，都给予他们母爱般的温暖，分享他们的快乐，更倾听他们的心声。渐渐地，"星妈妈"行动辐射更广了。我们了解到学校里还存在这样一些"隐形群体"——留守儿童、单亲家庭，这些孩子都成了"星妈妈"们关心的对象，也有越来越多的党员教师主动加入了这个群体。

伴行，更是伴心，是一段温暖的修行。星湖校区党支部在"思"与"行"中不断摸索，要想改变这些孩子，家长也需要参与进来。我们成立"育星家长学院"，邀请南通市教育科学研究院心理健康教育兼职教研员、国家二级心理咨询师、家庭教育高级指导师符小斌开设"为爱共成长"为主题的讲座，为家长们进行家庭教育的指导；

邀请如皋市教育局心理健康教育研训员崔娟，和大家分享《科学有效的家庭教育往往很简单——成功家庭教育底层逻辑例析》。每一次的活动，学校都诚挚地邀请这些家长来参加。

在第七期的"育星家长学院"课堂中，小然的妈妈还做了分享。她说："我一直坚信虎妈猫爸式的教育，却忽略了孩子的感受，接下来，我会改变自己的教育方式，多陪伴他。"

小然妈妈是这样说的，也的确不断这样践行着。听王婧老师说，她常常和小然妈妈进行电话交流，甚至家访，"育星家长学院"的一些方法指导，教会了小然妈妈如何与孩子平和地相处，温和地沟通。小然爸爸也不再做"隐形人"，而是积极地参与到孩子的成长过程中，他会抽出时间陪小然一起运动，一起进行亲子阅读，父子之间的关系愈发亲密。曾经那个充满矛盾、气氛紧张的家庭，如今变成了温暖的港湾。

《窗边的小豆豆》一书中这样写道："世界上最可怕的事情，莫过于有眼睛却发现不了美，有耳朵却不会欣赏音乐，有心灵却无法理解什么是真。"如果教育者的眼中没有孩子，耳朵听不到孩子的心声，心灵不能与孩子产生共鸣，那么，我们就将无法了解孩子真实的需求，也就无法给予像小然这样的孩子足够的时间和关注，陪伴他们走过重要的成长阶段。在星湖校区，像小然这样的故事还有很多，每一个孩子都是一颗独特的星星，而老师们就是那点亮星星的人。通过"星妈妈"行动和"育星家长学院"，越来越多的家长学会了正确的教育方式，越来越多的孩子感受到了家庭和学校的温暖。教育的力量在星湖校区这片土地上不断延展，如同星星之火，点燃了孩子们心中的希望，引领每一个家庭走向更美好的未来。

当看到小然那自信满满的样子，我深刻地认识到，教育就是一场温暖的陪伴与心灵的共舞。在星湖校区党支部"小爱善行"党建品牌的引领下，我们将继续以爱为灯，照亮孩子们前行的路，让每一个孩子都能在爱的阳光下绽放出属于自己的璀璨光芒。

从"我"到"我们"

汤春锋

教育,是一场充满爱与责任的旅程,实小集团育才校区党支部的党建品牌"育读·育分享"是旅程中的灯塔。在这个旅程中,教师如同璀璨的星光,照亮特殊学生的心灵;像温暖的纽带,连接幼小衔接的两端;似有力的辐射,带动公益行动的开展。在每一个教育场景中,都有你相伴,让彼此放心前行。

一

在教育的星空里,每一个学生都是独特的星星,而特殊学生则是需要我们更加用心去照亮的星辰。

党员教师蔡亚春的葫芦丝社团里可谓是能人众多。泽泽是学校的"名人",他平时上课经常坐在地上,教室里的桌椅常被他拆得七零八落。自从加入葫芦丝社团后,他从不缺席。他经常弄坏葫芦丝,妈妈对他特别支持,给他又买了三个葫芦丝。小豪的家庭特殊,父母离异,从小跟着奶奶长大,三门功课经常不及格。成为葫芦丝社团的一员后,他是社长,吹奏的《月光下的凤尾竹》属于较好的几个人之一,他也成了社团里的"小先生",经常有模有样地教大家吹葫芦丝。还有小沈、小杨和睿睿等,在社团中都找到了自己的位置。在2024 年 1 月的集团新年音乐会当天,临上场前,蔡老师对这些孩子千叮咛万嘱咐:"到了场上大胆演奏,你们的家人都在下面看着呢。"他们异口同声地说:"放心吧!蔡老师,我们会好好表现的。"蔡老师给他们安排在最中心的位置。舞台上、聚光灯下,面对六七百名观众,他们毫不怯场,指法灵活,节奏把握准确,在一众演员中表现突出,丝毫看不出任何问题。小豪的爸爸在演出之后发朋友圈:"这次终于给我长脸了!"他奶奶也来现场观看,演出结束也不愿离去。睿睿的妈妈眼中含泪地对蔡老师说:"孩子有你们真好!"

正如集团总校长赵建华所说:"特殊孩子需要我们老师给予'润养',把学生养'亲'了,对孩子的影响力就大了。"有了教师的陪伴,有了党员的同行,我们一直在身边,让这些孩子从"另类"走向"同类",散发点点星光,照亮校园每个角落。

二

幼小衔接把幼小教育两点连成一线,老师就像温暖的纽带,牢牢牵住两端,带着孩子从幼儿园走向小学,帮助他们顺利过渡。

一天放学导护,一位家长忽然和我打招呼,我印象中并不认识他。他自我介绍是一年级李同学的家长,曾在幼儿园大班家长会时见过我。经他提醒,我想起了去年校区党建"育读·育分享"品牌建设之幼小衔接活动。在中兴幼儿园的现场交流会,这位家长曾提出"现在幼儿园里不教拼音和汉字,进入小学跟得上吗?""如何有效地陪伴孩子?"等问题。感受到他的焦虑后,我进行了"答家长问",安抚了他的情绪,也提出了合理化的建议,并强调:"放心,到了小学有我们,我们在一起。"他说,当时听从了建议,慢慢地转变了自己,孩子现在一年级,各方面都挺好,他现在很放心,真心地感谢学校所做的一切。身旁一位送孩子的妈妈也附和:"那次你们开的家长会对我们很有帮助,原来我不知道该怎么和孩子沟通,也就是听了你们的建议,我试着改变,现在孩子可听话了……我朋友也希望你们能够去幼儿园谈谈……""放心,我们一定会去的!"我又和他们聊了一会儿,说了些育儿的建议,他们说得最多是"放心,我知道……"。看来,他们是真的很放心了。

今天,听到家长一直在说"放心",真的很欣慰。这是对我们教师的肯定,也是对学校的认可。前几日,已毕业的家长特地赶来学校送锦旗,感谢学校六年的培养,家长一直强调,孩子在学校家长非常放心。"放心"已然成了一种氛围，那是因为我们在一起，我们和孩子的心在一起，我们和家长的情在一起，我们和教师的行动在一起。

三

教育的力量更在于课堂外的辐射和影响。我们党支部联合南通经济技术开发区图书馆，在线上发布"好书推荐"，在线下开设公益讲座与对话，带动更多家长、孩子一起前行。

2022年11月的一天，我在图书馆和大家分享"表扬与批评——提升孩子的自信与逆商"，会场早已坐满家长。我从一个小故事开始：一个小男孩林浩，他很喜欢画画，但每次把作品拿给父母看时，得到的总是批评，说这里画得不对，那里不好，等等。渐渐地，林浩变得越来越胆小，连画笔都很少拿起了。家长们都陷入了沉思，我接着说道："其实，表扬和批评就像一把双刃剑，如果运用不当，就会伤害到孩子脆弱的心灵。"这时，一位家长举手："那到底该怎么把握这个度呢？"我微微一笑，继续分享："就像我曾教过的一个孩子，她几次考试失利后很沮丧。但她的父母没有一味批评，而是先肯定了她努力的态度，然后再一起分析错误原因，并帮助她巩固练习。从那以后，她面对挫折时不再害怕，反而更有勇气去克服，她的逆商也在不断提升。"大家纷纷点头，似有所感悟。我继续说道："表扬与批评，就如同孩子成长路上的信号灯，运用得当，就能引导他们自信地迈向未来。"分享会结束，一位爸爸走过来对我说："今天真的太感谢您了，我以前怕孩子骄傲，经常板着脸批评，很少表扬，现在我知道该怎么做了。"看着他眼中的坚定，我感到无比欣慰。从那以后，我还时常会收到一些家长的信息，或聊些困惑，或说些问题，或谈些感想，聊着聊着，家长们也就放心了。

细细回味，曾几何时，"你放心"成了育才校区教职工的一句口头禅。现如今，家长、孩子也放心。因为育才校区党员的点，连接起家长、孩子的线，汇聚成学校、社会的面，有你相伴，我们才能一同放心前行。这不正是"伴行管理"之下的"无心插柳"吗？

孩子的名字叫"幸福"

顾浩月

一个寻常的黄昏,夕阳如熔金般洒落在实小集团龙腾校区的每一个角落,给这个充满活力的地方披上了一层温柔的光辉。一座小巧而温馨的亭子,被孩子们亲切地称为"幸福驿站",它静静地矗立在校园的一角,见证了无数纯真的笑脸和欢乐的瞬间。

"看,我今天又忘记带量角器了,幸好这里有备用的!"一个扎着马尾辫的小女孩兴奋地从亭子里的小篮子拿出一个崭新的量角器,她的声音里充满了惊喜和感激。"是啊,这里就像我们的秘密基地,什么都有!"旁边的一个小男孩补充道,他的眼睛里闪烁着好奇与感激的光芒。

这座曾经作为核酸采样屋的小亭子,如今已成为一个充满爱与关怀的"幸福驿站"。它不仅为孩子们提供了可能忘带的文具、应急的雨衣,还有温暖的茶水。而最引人注目的,莫过于"幸福驿站"旁那个被孩子们称为"幸福小窗口"的温馨学习"憩"园。

集团总校长赵建华提出"伴行管理",其中提到在场管理,即管理必须在现场。想,都是问题;做,才是答案。到现场去,不仅是一种调查研究的科学方法,更是一种切实可行的工作作风。

时间回到几个月前,这个亭子还是校园外一个不起眼的角落。"我们孩子经常会遗忘文具在家,每天各个时间段都有家长来送东西,晚上放学也经常听到家长讨论,双职工的家长实在没有时间送过来。我们学校是不是可以考虑把这个亭子利用起来?"在一次支委会议上,纪检委员李小琴提出了这个建议。

"好主意！我们可以准备一些文具，一些孩子必备的学习、生活物品。"组织委员陈云立刻响应。

党支部书记叶小飞点赞："对，我们就是要多到现场去，多走一走，多想一想，解决家长们的急难愁盼问题。鉴于我们现在双职工家长较多，延时服务后还有很多孩子没有及时被接走，经常在寒风中等待，我们是不是可以把亭子旁边的空教室布置起来，置放一些简单的书籍，让它成为孩子们可以放松、学习、等待的一个小窗口，孩子们在等家长的时候就不那么无聊，不那么孤单无依了。"

有了正确的目标系统，有了强大的支持系统，"幸福驿站"正式启动运行了。"伴行管理"告诉我们必须高效赋能。每天放学后，一个个孩子被家长接走，但总有一些孩子因为父母工作繁忙而需要等待，这时"幸福小窗口"就成了他们的避风港。党员教师们会留下来，陪伴这些孩子们，他们或辅导作业，或讲述有趣的故事，或一起玩益智游戏，直到孩子们都被家长安全接走。

"孩子放学后我不再担心会有安全问题，他们几个小伙伴在里面看书学习，氛围很好，还有老师帮忙照看，我们家长也放心。"二（1）班胡晨熙家长打校长热线感谢学校。

"幸福驿站解决了我们的后顾之忧，再也不用一接到电话就要从公司里返回给孩子送文具了，谢谢学校，让我们可以安心工作。"一（3）班曹刘家长向班主任王老师反馈。

这个别开生面的"流动课堂"不仅是孩子们心中的避风港，也是家长们心中的安心丸。孩子的成长就是一路行走，在深入现场并良势运行的伴行理念下，在家长与学校之间形成了积极正向的心流，在彼此的认同中赋予了积极正向的能量。

如果说"幸福驿站"主要是后勤保障，那么"幸福小窗口"主要打造"陪伴加油站"，它不仅仅是一个亭子的转变，更是一份爱与责任的传递。这里开辟了党支部联系群众的新阵地，打通了党支部服务群众、关爱儿童的"最后一公里"，形成"一校多站点"党群阵地服务模式，走出了一条学校支部与群众相联系的新路子。

这只是龙腾校区党支部党员活动的一个缩影。在这片充满生机的土地上,在集团"党旗润童真"品牌引领下,龙腾校区党支部融合"伴行管理"思想,探索党建子品牌"幸福红孩子",通过流动课堂、结对课堂、公益课堂等"六类课堂""八大行动",让孩子在爱与关怀中成长,在责任与担当中成熟。

江水辽阔,波光粼粼,水运繁忙,一场别开生面的结对课堂在悄然展开。龙腾校区党支部与南通长航公安党支部结对携手,一群怀揣好奇与梦想的孩子们在民警的保护下,登上了长江公安1507艇,深入沿江水域,开启一场探索长江、认识江豚的"长江大保护"研学之旅。

孩子们兴奋的目光紧随着那跃出水面、灵动如精灵般的江豚。它们时而翻滚跳跃,时而悠然游弋,每一次出水都引来孩子们的阵阵欢呼。公安叔叔深情地讲述着江豚的故事,它们的生活习性、面临的生存挑战,以及我们人类与它们共存的责任。孩子们听得入了迷,眼中闪烁着对自然的敬畏与好奇。孩子们还拿起画笔,在画布上勾勒出心中江豚的模样,每一笔都饱含着对生命的热爱与守护。巡逻艇游过的地方,激起一层层金色的浪花。在驻艇期间,少先队员代表黄琪涵在国旗前致"长江大保护"宣言:"我立志成为长江大保护一员,带头守护一江碧水安澜!"

这样的结对课堂,不仅是一次简单的户外活动,更是一次心灵的洗礼。孩子们在实践中学会了责任与担当,他们开始意识到,作为新时代的少年,他们肩负着保护自然、守护家园的重任。在夕阳的余晖中,这份对自然的敬畏、对生命的热爱、对责任的担当,如同江豚跃动的身影,永远镌刻在他们的心中。

童年无忧,岁月绵长,"幸福红孩子",我们一直默默守望,我们一直静静陪伴。

阳光下的活力画卷

许文明

清晨的阳光洒在实小集团新河校区的操场上，金色的光辉透过树叶的缝隙，斑驳地照在奔跑的孩子们身上。这是一个充满生机与活力的早晨，更是新河校区党支部开展"伴跑"和"亮眸"活动的生动写照。

自2023年10月起，新河校区党支部开设胖胖健身营和亮眸户外营，全校38名党员教师陪伴学生走出教室、积极锻炼。孩子们在充满童趣的运动游戏中，向"小胖墩"和"小眼镜"说再见。

一

康康是三（3）班的一名学生，因为小时候用药不当，看上去高高大大、圆圆滚滚的他心智却很不成熟。在家长的强烈要求下，他选择了随班就读。曾经，他会在上课铃打响后依然不见人影，班主任经常满校园地找他回教室上课；他会偷偷地潜入专用教室，一个人拿着小乐器玩上半天；他会在墙边捉两条小虫子，放在讲台上……随着"伴跑"活动的启动，康康被班主任选中，成为胖胖健身营的一员。每天早晨8：00到8：30，党员教师们都会准时出现在操场上，陪伴这些孩子一起跑步。

康康的身影在队伍中格外显眼，他的步伐沉重，呼吸急促，但每当他抬头看到身边的张老师——他的语文老师兼党员教师，那鼓励的眼神和温暖的笑容，便不自觉地也跟着张老师一圈又一圈地跑动起来。张老师似乎对康康格外偏爱，他边跑边和康康聊天，聊操场角落里的小蚂蚱怎样过冬，聊为什么香樟树一年四季都是绿的……在张老师的陪伴下，康康不仅体重有所下降，耐力也增强了，更重要的是，每次上课，他都能准时出现在课堂上了。

"康康，今天跑得不错嘛！"张老师一边擦汗，一边笑着对康康说。

康康不好意思地挠挠头，笑道："张老师，我就是跟着你跑的，下次，你跟着我跑。"

"好嘞，接下来，你就是我们的领队，你可要带好我们哦。"

随着时间的推移，康康不仅愿意跟老师和同学们一起跑步，教室里的他也变得异常忙碌——下课了，当张老师捧着一堆作业往办公室走，康康会一把"抢"过来："张……张老师，我来，我力气大。"同学们做完值日，康康已经打开垃圾袋："放这里，我去倒，我跑得快。"老师、同学们越来越喜欢这个憨憨的康康了。康康的脸上也总是洋溢着灿烂的笑容。

在陪伴康康的过程中，张老师也养成了运动的习惯。他感慨地说："以前总觉得工作忙，没时间运动。现在发现，和孩子们一起跑步，不仅能锻炼身体，还能增进师生之间的感情，真是一举两得。"

集团总校长赵建华在"建华伴读100秒"中写道："师生运动'天天见'，身心健康看得见。"是的，党员教师用自己的方式关注班级的特殊儿童，引导孩子融入集体、自信成长，将爱传递。

二

在操场的另一边，亮眸户外营的活动也在如火如荼地进行着。三到六年级的孩子们被分成不同的小组，每个小组都有党员教师带领，进行各自特色的运动。

来自五（7）班的小航戴着一副厚厚的眼镜，因为视力问题，他在学习上总是找不到自信。下课铃声响起，他总是静静地坐在教室里，不知道该如何打发课余时间。因此，他常常不自觉地揉眼睛，导致眼睛经常发炎。

然而，自从参加了亮眸训练营，小航的生活发生了巨大的变化。空竹，像是与他融为了一体，成为他身体的一部分。

每天早晨，小航都会迫不及待地来到操场，在党员教师李老师的带领下，和同学们一起练习抖空竹。起初，他的动作很是笨拙，转速提不上来，"扑通"，空竹掉在了地上。"小航，看，两只手速度加快，保持平衡。"李老师耐心地指导他，鼓励他不要放弃。渐渐地，小航的抖空竹技艺越来越纯熟，他不仅自己练习得很出色，还带着组内的一个同学一起创作，解锁了许多新的动作：旋风小子、飞天揽月、回马枪、摩天轮、弹簧臂……空竹好像长在了他身上。

上半年，在南通市举办的抖空竹比赛中，小航凭借出色的表现，获得了个人竞速类二等奖。当他站在领奖台上，手捧着奖牌，脸上洋溢着自信的笑容时，他知道，这一切的改变都源于亮眸训练营和党员教师李老师的帮助。

"李老师，给您！"走下领奖台，小航迫不及待地摘下奖牌，蹦跳着挂在了李老师的脖子上。

李老师笑着拍了拍小航的肩膀，说："小航，你真棒！看，小眼镜也有大大的能量。记住，每个人都有自己的闪光点，只要努力挖掘，就一定能找到属于自己的舞台。"

"赏识，唤醒内驱，激发活力。"集团总校长赵建华在"建华伴读 100 秒"中这样肯定学校管理对青年教师的伴行。我们教师对学生的伴行何尝不是这样呢！让儿童成为儿童，小航不仅眼睛亮了，心灵也更加敞亮了。

新河校区党支部开展的"伴跑"和"亮眸"活动，不仅是一次健康教育的实践，更是一次党建引领下的创新尝试。"学生需要什么就设计什么"，围绕这样的育人理念，党员教师深耕"伴行"，通过对每个孩子进行深入了解和评估，寻找每个孩子发展的最佳路径，立足孩子身心成长的真实现场，实施以伴跑、亮眸等为内容的"健康伴行"行动，为孩子制定出个性化的成长行动，提供适切的教育和支持。多姿多彩的"运动大餐"带来了实实在在的变化。"与去年同期相比,近视率下降了 0.2 个百分点,体重合格率上升了 0.4 个百分点。"说起这组数字,课程教学中心分管负责人张红军坦言:"满意。"浓厚的运动氛围不仅实现了全校学生健康水平的提升,也带来了"意外之喜"。比如,2024 年上半年的全市中小学生空竹比赛,我们首次参加就从 20 多支队伍里脱颖而出,获得了团体二等奖的好成绩。

在金色的阳光下,新河校区的操场上,孩子们奔跑的身影伴随着欢笑声,构成了一幅美丽的画卷。这是党建引领下健康伴行的生动写照,更是孩子们幸福成长的见证。

"星星"相印

施晓玲

"星·悦伴"是一项面向全体党员教师的志愿服务,不仅是实小集团星湖校区党支部与南通经济技术开发区图书馆深度合作、共同打造的亮丽名片,更是全体党员教师践行初心使命、服务学生及社区的重要平台。该项目以"伴行"为核心理念,至今已开展了60多期"星·悦伴"活动,其中党员教师杜云云的事迹,更是成为"伴行"理念生动实践的典范。

一

"杜老师,'星·悦伴'活动第19期由您主讲,前期老师们大多以阅读为主题开展了活动,本期'星·悦伴'活动你能否找一个新的切入点,给孩子和家长带去新的体验?"

接到任务的杜老师开始思考,如何打破常规,寻找一个能够引起孩子们兴趣同时又能对家长有所启发的主题。她回顾了自己在家庭教育中的实践经验,以及在与家长和孩子交流时观察到的种种问题。她发现,尽管阅读是一个重要的主题,但情绪管理和亲子沟通同样是家长和孩子们普遍关心和需要提升的领域。杜老师决定把选择权交给孩子们。她相信,孩子们的真实反馈将为她提供一个宝贵的视角,帮助她找到那个既能引发共鸣又能提供实际帮助的切入点。

"孩子们,近期我要开设一堂讲座,需要得到你们的建议和支持,你们最近有哪些困扰希望我能帮忙解决的,咱们畅所欲言。"此话一出,教室里顿时炸开了锅。

"杜老师，杜老师，我最近考得不好，我妈总骂我，我心情不好，你也能帮我解决吗？"小A调皮地喊道。明显，他是在半开玩笑半倾诉。同学们也跟着起哄起来，有的大笑，有的捂着嘴看着杜老师。

小A见状又壮起胆子继续说道："希望老师为我们疗伤。"说罢，他回了座位，同学们纷纷应和。杜老师见状立刻走到小A跟前，轻轻拍了拍他的肩膀，微笑着对全班同学说："大家的笑声和提议，我都听到了。看来，我们今天不仅仅是要讨论讲座的主题，更重要的是要找到一个能让大家心里都得到温暖和帮助的话题。小A提到的是关于考试成绩和家长情绪沟通的问题，看来，小A说出了大家的心声啊。确实，情绪是治愈一切的良药，平时生活、学习中的很多事情都会影响我们的情绪，妈妈快乐，全家快乐！其实是很多同学都可能会遇到的挑战，对吧？"在杜老师的打趣下，同学们纷纷点头，有几个还小声附和着自己也有类似的经历。此刻，一个坚定的想法在杜老师心中逐渐成形。她意识到，这次活动不仅是一个简单的讲座，更是一个契机，一个能够让家长和孩子共同成长、增进理解的宝贵机会。

就听孩子们的，本次"星·悦伴"活动主题，就以"情绪"为切入口，为孩子和家长提供帮助，也许会有意想不到的收获。

"儿童有儿童的思想，儿童有儿童的语言，理解他们，需要用心读懂他们的密码；从儿童的视角出发，只要稍微动动脑筋，从教育的本义上去思考问题，就能解决一个个难题。"这也是"伴行"理念带给杜老师的灵感。

二

很快，主题定好了——"我的情绪小精灵"。杜老师精心设计了一系列有趣的环节。课前聊吧：通过小视频和互动游戏开展"我说你猜"；情绪问卷调查："你经常会感到不开心吗？"；开心转盘："让我开心每一天"；绘本、电影推荐。总体框架和思路都完成了，但接踵而来的问题让杜老师左右为难：图书馆的大屏能否顺利播放视频？游戏需要互动，还需要一些道具，制作需要一定时间，问卷调查链接得实际操作下能否打开，转盘还没有到位……同组内的老师了解到情况后纷纷献计，有的帮忙联系图书馆，提前了解布局；有的一起制作游戏道具；有的调试问卷调查链接，确保万无一失；有的把家人店里的抽奖转盘借来一用。看着忙碌的同事们，杜老师多次表达了歉意，一个人的活动让大家一起跟着操心，但老师们总是回答："没事，我们一起干！"从开场介绍到互动环节，从时间控制到技术支持，每一个步骤都经过精心策划与反复演练。在整个团队紧密协作下，讲座的每一个环节都能紧密衔接、有条不紊。

伴行，就是和大家一起成长："没事，我们是一个团队，抱团发展是我们的底气。"

三

讲座当天，有 30 组家庭主动报名参加活动，杜老师精彩的讲座让在场的孩子和家长切身感受到，情绪与我们每天的生活息息相关，在活动过程中，大部分家庭都是妈妈带着孩子前来倾听，这时一位奶奶的身影引起了大家的注意，在互动交流环节，奶奶说："孩子父母都在外地上班，孩子从小就跟着我，我也算有点文化，小时候孩子还算听话，现在大了，越发感觉力不从心，孩子总是和我发脾气，我们之间也会吵架。今天听了杜老师的讲座，我也从专业的角度感受到了原来情绪管理有这么多方法，好的情绪能影响孩子，糟糕的情绪会处处碰壁。每周我都带孩子来图书馆看书，正好还能遇到你们办讲座，真的是收获满满，让我这个上了年纪的家长也能跟着你们一起进步，你们这个公益活动确实不错啊！"奶奶的一番话，让在场的家长们纷纷点赞，是啊，每周的"星·悦伴"活动已经深深扎根于南通经济技术开发区图书馆，成为读者们翘首以盼的文化盛宴。

"你们的'星·悦伴'公益活动为咱们区的学生和家长带去了实

实在在的帮助和启发，赢得了老百姓的一致好评。看着你们一直以来的坚持，我想说'有你们真好'！希望'星·悦伴'活动越办越好！"图书馆的一位工作人员称赞道。

正如集团总校长赵建华所说："只要我们坚定目标，笃实前行，一路上有伴行，终会'星星相印'。"

"我爱你"和"谢谢你"

单 舒

在教育这一伟大且神圣的事业中,"伴"有着非凡价值,"伴"并非只是简单、低层次的行为或状态,它承载着深邃的教育智慧和浓厚的人文关怀,有力地诠释和践行了集团总校长赵建华倡导的"伴行"教育理念。身为实小集团能达校区的党员教师,自入职以来,我积极投身于校区的"四行工程 能达致远"党建公益服务,在多次公益实践中,深切领悟到"伴"字的意义与价值。

2021年5月9日,阳光灿烂,空气中弥漫着康乃馨浓郁的芬芳,处处洋溢着母亲节的温馨。实小集团能达校区党支部第一小组满怀着热情与关怀,走进南通市景瑞社区开展公益活动。在充满温情的手工制作环节,孩子们就像快乐的小天使,围绕在五彩斑斓的花材旁,用稚嫩的小手精心制作象征着爱的花束,并在贺卡上写下对妈妈的祝福。

有一个叫小宇的小男孩引起了大家的关注,他一直不愿动手,满脸不情愿。原来,小宇妈妈为维持生计早出晚归,陪伴他的时间极少,而且当天也未到场。在党员教师们的耐心引导下,小宇拿起了画笔,起初只是随意涂抹,眼神冷漠。但当周围小伙伴认真书写对母亲的祝福时,小宇的眼神有了变化。我轻轻走到他身边询问,小宇沉默后小声说觉得妈妈不喜欢他,总是不在家。我微笑着表示理解他,并分享母亲为家庭默默付出的故事,这些故事像钥匙般试图打开小宇的心门。小宇静静聆听,手中画笔停了下来,眼中泛起泪花,开始在贺卡上认真写道:"妈妈,我以前以为你不爱我,现在知道你是为了给我更好的生活才如此辛苦，我爱你。"写完后，小宇像捧着世间最珍贵的宝物般捧着贺卡。

活动尾声，小宇妈妈匆忙赶来，虽满脸疲惫，但看到小宇那一刻，眼中爱意满满。小宇羞涩地走向妈妈，递上贺卡并紧紧拥抱妈妈，大声祝妈妈母亲节快乐并表达爱意。小宇妈妈愣住，泪水夺眶而出，紧紧抱住小宇。这感人场景如一束光照进大家心底，它不仅是母亲节礼物，更是爱的觉醒与传承，让在场者感受到亲情的力量和公益活动的价值。"伴行"成为孩子成长路上发自内心的力量，如春风化雨般滋润心田，让他们懂得感恩与爱的美好。

时光流转，2023年3月5日，能达校区党支部书记张秀娟带领我们走进热闹非凡的碧桂园社区，开展"学雷锋"公益送教服务活动。活动一开始，一位家长满脸忧虑地倾诉："孩子沉迷电子游戏，成绩下降，对周边事物兴趣减退，家庭氛围紧张。"党员教师们静静聆听，眼中满是理解与关切。待这位家长说完，其他家长也围过来，似有共鸣。老师们认真分析后耐心说道，电子游戏对孩子有天然吸引力，是充满奇幻挑战的虚拟世界，不能单纯阻止，要像大禹治水般疏堵结合。可以尝试与孩子探索游戏背后的知识，如策略游戏中的数学逻辑、历史背景等，将游戏沉迷转化为学习新知识的动力。原本眉头紧锁、心怀忐忑的家长们逐渐舒展眉头。老师们还建议家长多陪孩子参加户外活动，如爬山、散步等，让大自然魅力唤起孩子对现实世界的热爱，当现实比虚拟更精彩，孩子自会找到平衡。家长听完慢慢平静。

这是一场家校间心与心的深度对话，是坦诚相见、毫无保留的思想碰撞。活动接近尾声时，一位妈妈带着孩子匆忙赶来，紧紧握住老师们的手，眼中满是感激："谢谢老师们！我长期在外地，常无法照顾孩子，心中愧疚。看到你们对孩子的关心和教育，我很感动。孩子需要陪伴，可能是我们陪伴不足才导致他沉迷游戏，我们以后一定好好陪伴孩子成长！""伴行"是一种始终与你同在的陪伴，在公益活动中，我们始终在家长和孩子身边，倾听困惑与诉求，分享思考与经验，让伴思与伴问并存。

2023年4月26日，纪检委员殷晓琴带领我们走进充满活力的宋庆龄幼儿园，与幼儿园共同开展备受瞩目的"幼小衔接"公益咨询服务活动。咨询刚开始，一位年轻的爸爸就急切地表达担忧："幼儿园竞争激烈，周围孩子都学英语、编程和思维课程，自家孩子不学怕落后，担心到小学跟不上。"他的话引起其他家长共鸣，大家纷纷附和，焦虑情绪弥漫。面对现场的焦虑氛围，党员教师们从容应对，从语文、数学、英语学科角度为家长答疑解惑。老师们微笑着强调，小学阶段培养孩子良好的学习习惯和积极的学习态度至关重要，如同大厦基石，同时要保护孩子学习兴趣，这是持续学习的动力源泉。以语文为例，阅读是关键，要让孩子养成阅读习惯，家长可陪读共享乐趣。

在老师们的耐心讲解下，家长们紧绷的神情逐渐放松，眼中焦虑之色渐退。随后，老师们深入交流，询问家长对孩子的期望。家长们陷入沉思，那位起初焦虑的爸爸思考后眼中有光，说要好好想想，因为他女儿喜欢画画和手工，他希望孩子能开开心心做喜欢的事，健康快乐成长。其他家长也纷纷表示希望孩子身心健康、体魄强壮、心态乐观、热爱劳动、懂得付出，将来能为社会做贡献。听到家长们的心声后，老师们从马斯洛需要层次理论和儿童心理发展角度进一步沟通。过程中，家长们的焦虑被坦然与安心取代，眼神变得坚定明亮。

活动结束时，那位原本焦虑的爸爸牵着可爱的小女儿来到老师们面前，爸爸脸上洋溢着轻松的笑容，对女儿说："来，宝贝，谢谢老师们。"孩子纯真无邪的笑容如春天的阳光般温暖众人。这一刻，纯真的孩子、温暖耐心的家长和用心付出的老师构成一幅温馨感人画卷，将永留我们教育记忆深处。"伴行"是深入现场解决问题的积极态度，思考只是发现问题，行动才是解决之道。

教育是漫长的旅程，需要家长、孩子和老师相互陪伴、携手前行。在党员公益服务中，"伴行"得到充分体现和升华，为学生提供全方位、多层次教育支持与帮助。

倾听心灵的呼唤

汤一帆

在教育的广阔天地里，每个孩子都是独一无二的星星，内心世界犹如深邃宇宙般丰富。随着二胎家庭的日益增多，家庭结构的变化对大宝的心灵产生了深远影响。在学校，关注孩子心理健康，尤其是关怀二胎家庭大宝的心灵成长，成为我们义不容辞的使命。唯有以真心倾听、用爱心温暖，才能助力他们茁壮成长，绽放出属于自己的绚烂光彩。

一

"教育的本质意味着，一棵树摇动另一棵树，一朵云推动另一朵云，一个灵魂唤醒另一个灵魂。"在校园这片净土上，孩子们的心灵宛如娇嫩花朵，需精心呵护。如今，二胎家庭渐多，大宝们的内心世界愈发受关注。

"感人心者，莫先乎情。"为给孩子们开辟倾诉心声的净土，"叮咚小邮"应运而生，如温暖种子在校园里生根发芽。"童真园"和"童乐园"中鲜红邮筒静静矗立，承载着孩子们的信任与期待。崇真楼前的小小"邮局"，是充满魔力的心灵驿站，信封、信纸、邮票、邮戳一应俱全，每个细节都洋溢着温情。学校各班级和办公室邮编醒目公布，仿佛向孩子们发出诚挚邀约。

阳光洒满校园的午后，孩子们怀揣心事奔向"邮局"。他们精心挑选信纸，蹙眉沉思或抿嘴浅笑，将情感化作文字装入信封。"小邮差"们化身幸福天使，穿梭校园传递信件。老师们收到信后，总会放下繁忙事务，认真阅读，透过稚嫩笔迹感受孩子们的欢喜与忧愁。对特殊信件，老师们会约孩子走进"阅读吧"或"阳光小屋"，开启心灵对话。

有个孩子在信中倾诉："弟弟出生后，家中欢笑围绕着他。我虽明白要懂事，要照顾弟弟，可心里仍难过，感觉自己被遗忘。"读着这令人心疼的文字，我们深知"叮咚小邮"意义重大。它不仅是通信媒介，更是孩子们心灵的避风港。在这里，孩子们找到"知音"，实现分享与交流。每封信传递，都如温暖拥抱，让孩子们感受到成长路上不孤单。

为了更深入地了解这个孩子的内心世界。我们进行了一次家访，发现家长虽给了孩子物质上的满足，却忽视其内心真正需求。二胎家庭中，家长常将精力放在年幼的二宝身上，不经意间忽略大宝的感受。这种情况并非个例，许多类似家庭都存在同样问题。这让我们意识到，仅仅在学校关注学生的心理健康是不够的，还需要将关爱延伸至家庭和社区。

在"邮"递真情中，学校与孩子紧密伴行。"叮咚小邮"使学校贴近孩子内心，老师化身"邮差"与心灵守护者，建立信任。伴行不仅在校园，还延伸至家庭。强调教育的整体性与连贯性，家校合作才能呵护孩子心灵。

二

"爱是教育的灵魂，唯有融入爱的教育才是真正的教育。""叮咚小邮"开启沟通心门后，学校党组织组建"暖心姐姐"团队，为二胎家庭孩子提供贴心关怀。

团队的教师们如春日暖阳，深入各年级，甄别帮扶特殊儿童，依个性与心理需求策划"伴聊润心计划"，定制专属方案。风格各异的"聊吧"温馨童趣，为孩子们提供敞开孩子们的心扉的私密空间。

每当孩子们走进"聊吧"，与"暖心姐姐"相对而坐，一场心灵的盛宴便悄然拉开帷幕。"暖心姐姐"用真诚微笑和关切眼神叩开孩子们的心门，耐心倾听孩子们的烦恼，无论是对弟弟妹妹小小的嫉妒，还是对爸爸妈妈关注减少的失落，抑或学习社交困难，每个问题都被认真对待。

"教育植根于爱。"一次聊天中，小女孩含泪说爸爸妈妈总在弟弟面前批评自己，让自己觉得自己做什么都错。"暖心姐姐"温柔地握住她的小手，轻声安慰："宝贝，你是独一无二的存在，你的努力付出姐姐都看在眼里。人都会犯错，重要的是汲取教训、不断成长。姐姐坚信你会成为出色的姐姐，会成为更好的自己，我们会一直陪伴你，为你加油。"那一刻，小女孩眼中泪光闪烁，似在黑暗中看见曙光。

"暖心姐姐"不仅是倾听者，更是智慧引导者。她们通过分享故事、传授技巧，助力孩子树立正确的价值观和自信心，鼓励孩子积极参与学校丰富多彩的活动，发掘闪光点。在"暖心姐姐"的陪伴下，孩子们学会正视情绪，乐观面对生活中的变化。如五年级的小陈同学因弟弟分走父母的爱而变得沉默寡言、厌学，"暖心姐姐"常与他漫步交谈，多次交流后，小陈重拾学习的动力，成绩有所提升，还能主动照顾起弟弟。

教师以"暖心姐姐"这一身份与孩子同行，给予情感和成长支持，涵盖多个方面。建立情感纽带，共同成长，了解个性需求，制订计划，还鼓励学以致用，促进家庭和谐，形成教育循环。

三

党员教师将关爱延伸至校园外。新河校区党支部第二党小组走进天星社区开展公益行动。

党员教师姜嘉玲举办"生二胎，你安顿好老大了吗"讲座，指出大宝存在的问题及原因，如父母关注转移致其失落、缺乏安全感等，同时给出实用建议，如专属陪伴、鼓励大家照顾弟弟妹妹等。讲座后，家长们围绕孩子问题与党员教师深入交流，面对一位因大宝在二宝出生后爱发脾气而苦恼的家长，党员教师给予耐心分析并提供解决方案。此次公益行动是"叮咚递爱"调研的后续服务，党支部会持续提升服务，深入了解家长需求。

"暖心姐姐"如春雨滋润孩子，党建引领的"伴行"路上，"叮咚小邮"与之共同照亮二胎家庭前行方向。我们满怀教育热忱，用行动诠释"伴行"内涵，让孩子绽放光彩。

第三章

治理伴行：物无妄然，必由其理

"物无妄然，必由其理"出自魏晋时期哲学家王弼的《周易略例·明象》，意思是事物没有任意妄为或偶然存在的，必定遵循其内在的道理或规律。在办学过程中，要遵循办学规律和人的成长规律，以科学理念为舵，以育人本质为锚，让教育实践始终行进在符合规律的航道上。

理想的学校治理风格，不仅要善于"治"，更要善于"理"。从学校管理走向学校治理，是教育现代化的重要体现，也是治理体系现代化的必要环节。在时代的滚滚洪流中，治理伴行犹如一艘稳健的航船，承载着集团化办学的梦想和期盼，破浪前行。

治理伴行是一门艺术。它要求治理者以细腻的手法，调和集团与校区、校区与部门的各种矛盾与冲突，如同一位高明的画家，用色彩与线条勾勒出集团内的和谐之美。伴行者需要具备敏锐的洞察力，捕捉师生变化的细微之处，以柔性的方式化解矛盾，让校区在和谐中稳步前行。

治理伴行是一种策略。它强调多元主体的协同合作，共同应对复杂多变的社会问题。条线与部门、部门与部门如同多位一体的舞者，在治理的舞台上，翩翩起舞，共同演绎着集团高质量发展的和谐乐章。通过资源的整合与共享，治理伴行让校区治理更加高效、有序地运行。

　　治理伴行是一种智慧。治理者须具备前瞻性的思维，能够预见教育发展的未来趋势与潜在风险。它如同一位智慧的导师，引领着集团在变革中前行。治理者需要不断学习与创新，以科学的决策与有效的执行，推动校区向着更加美好的未来迈进。

　　治理伴行如同春日里绽放的花朵，绚烂而夺目。在治理伴行的推动下，人际关系更和谐，幸福指数更高。治理伴行，让集团在和谐中焕发出勃勃生机，让师生在幸福中共享美好生活。它如同一束温暖的光，照亮了高质量集团化办学前行的道路，引领我们向着更加美好的未来迈进。它让每一个声音都被听见，每一份力量都被汇聚，共同推动着集团优质均衡发展。

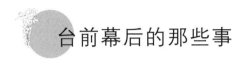
台前幕后的那些事

倪新琴

在实小集团的晨曦中,每一缕光线都似乎在低语,讲述着教育的智慧与温情。而"伴行管理",就像这初升的阳光,温柔地照亮着我们的每一步探索与前行。它不仅是管理策略上的革新,更是心灵深处的共鸣,引领着每一位参与者,在相伴中茁壮成长,在行走中不断启迪。

一

筹备省级校长管理思想研讨会的序幕,由一块大屏 PPT 缓缓拉开。起初,设计的效果如同迷雾中的灯塔,虽亮却缺乏指引的力量。面对这样的困境,我们并未退缩,而是选择亲自披挂上阵,携手三位充满活力的青年教师,共同组成了"创意先锋队"。我们像艺术家雕琢作品一样,全身心地投入每一个细节,从背景的精心挑选,到内容的精致排版,再到字体的细微调整,都付出了无尽心血与满腔热情。

在这个过程中,"伴行"的理念熠熠生辉。我不仅是这个团队的引领者,更是与大家并肩作战的伙伴。我们共同面对挑战,共同探索和成长。深夜的办公室灯火通明,我们围坐在一起,讨论、修改、再讨论。那份对完美的执着追求,让我们的心紧紧相连,形成了一股不可战胜的力量。

这段加班的日子紧张忙碌,但也充实而温馨。我们的周委员——一位细心体贴的领导者,他注意到团队中的女老师们加班到很晚,回家路上的安全问题成了他心头的牵挂。于是,他悄悄地联系了几位女老师的男朋友，安排他们在加班结束后来接她们回家。当老师们看到突然出现的男朋友时，她们掩面而笑，那份惊喜与感动溢于言表。这个小插曲不仅给老师们带来了温暖与安心，也为我们整个团队注入了更多的动力与活力。

最终，当大屏上绽放出那一抹令人心旷神怡的蓝色时，所有人的喜悦与成就感如潮水般涌来。这不仅是制作水平的飞跃，更是团队协作与情感共鸣的胜利。我们深刻领悟到，"天下难事，必作于易；天下大事，必作于细"。在大屏 PPT 的雕琢中，我们更加坚信，管理的真谛往往藏匿于细节之中。而"伴行管理"，正是通过身体力行，激发团队的内在潜能，让每个人都能在参与中感受到自己的价值，共同编织出超越梦想的辉煌篇章。

二

筹备会议的另一项重要任务，是领导座位贴的安排。这个任务看似简单，实则蕴含了极大的心思与智慧。年轻的园园主任，在面对与市里班主任比赛的冲突时，毅然选择了全身心投入会务工作，放弃了那个来之不易的比赛机会。这一决定，起初让我感到惊讶，但随后我被她的深邃与远见所深深折服。在平等与尊重的团队氛围中，她看到了更为广阔的成长天地。她知道，每一次的放弃，都是为了更好的选择；每一次的舍弃，都是为了更高的追求。

在座位贴的设计上，园园和她的团队同样展现出了极致的匠心与创意。从背景图案的精选到字体风格的独特设计，每一个细节都经过了反复推敲和修改。他们力求给参会者留下深刻印象，让每一个座位都成为一道亮丽的风景线。

更令我感动的是，在排列座位顺序时，园园主任不仅查阅了大量资料，还主动向我请教，确保每一个细节都准确无误。由于会议规模庞大，报告厅内共有 618 个座位，而每个座位上都需要贴上座位贴。面对如此巨大的工作量，园园主任在完成了一天的教学任务之后，自费点了外卖，邀请了五六个年轻老师一起参与。他们走过每一个座位，量好尺寸，工工整整地贴上座位贴。当全部贴好，白色的头套与蓝色的座位贴、蓝色的大屏相互映衬，整个报告厅呈现出一种和谐而统一的美感。那一刻，所有的辛苦与付出都得到了回报，每个人的脸上都洋溢着满足与自豪的笑容。

在"伴行"的道路上，在温暖与被尊重的氛围中，正是这种智慧的选择和对工作的敬畏，让我们的团队更加紧密无间，也让每一次合作都成为一次心灵的洗礼和成长的契机。

三

在我的精心设计下，发言台的装饰成为本次会议的一大亮点。然而，追求完美的我并未就此满足。尽管最初的设计已经相当出色，但在我看来，鲜花的搭配仍略显单调，未能完全展现出我心目中的和谐与完美。于是，我决定与花店进行更为深入的交流与合作，力求为发言台增添一抹别样的风采。

我不畏烦琐、不厌其烦地调整鲜花的种类与布局，仿佛是在用心编织一个关于美的梦幻篇章。每一朵花的甄选、每一次色彩的搭配，都融入了我对美的无尽追求与执着坚持。然而，就在我们以为一切已经准备就绪的时候，一个意外的挑战却不期而至。

会议前一天的晚上9：00左右，校长在检查会场布置时，发现鲜花的搭配似乎还并不尽如人意。面对这一突发情况，我们并没有选择将就，而是决定迎难而上，对鲜花进行重新搭配。然而，由于时间已晚，很多鲜花店已经关门，我们面临着找不到合适鲜花的困境。

在我的再三恳求下，终于联系到了一家愿意来帮忙的鲜花店。我们迅速行动起来，加班加点，一直忙碌到深夜12：00，终于完成了发言台的重新布置。虽然过程艰辛，但当我们看到焕然一新的发言台时，所有的疲惫都烟消云散了。

最终，发言台在蓝色背景的映衬下，与五彩斑斓的鲜花相互辉映，构成了一幅令人心旷神怡的画卷。这次经历让我深刻体会到：当面对挑战时，只有敢于尝试、勇于突破，才能创造出真正属于自己的精彩与辉煌。在"伴行"理念的引导下,每一次创新都是一次心灵的飞跃与提升,每一次坚持都是对自我的超越与突破。

在实小集团的校园里,"伴行管理"不仅是一种理念,更是一种行动和实践。它渗透在我们每一次会议筹备中、每一次团队协作里,乃至每一个细微的决策与执行之中。我们看到了"伴行"如何在治理中发挥作用,如何在团队中播撒温暖与智慧,如何在每个人的心中种下成长的种子和希望的火花。我们将继续携手同行,在这条充满挑战与机遇的道路上用"伴行"的力量书写更多关于成长、创新与爱的故事和传奇!

优秀是这样练成的

黄 鑫

当年,我们的团队,被称为"新河五年级组",由30人组成。在我担任年级组长的两年期间,学校优秀年级部的荣誉称号从未失手过。成绩已走远,故事永流传。与优秀一路伴行,我们一起抱团成长。

一

组内每个老师都是独一无二的存在,你要充分认识他,充分放大他的优点和特长,让年级组各项表现力都能达到最佳。大家同在一个年级组,褪去了外在的光环,年级组的事就是每一个人的事。

就拿我们组女神般存在的浦海虹老师来说吧。初到年级组,第一次和浦老师接触,就被她吐字清晰、表达温和的风格深深吸引。从任教经历中陆续得知,浦老师毕业于师范学校的音乐班,毕业后一直从事音乐教学工作。20世纪90年代,学校紧缺语数老师,浦老师在学校建议下开始改教语文,一直到现在。浦老师班主任工作突出,语文教学出色,早早评上了副高职称,但她从未懈怠于三尺讲台上的每一件事情。年轻老师遇到班级管理的难题,总要请教于她,她总是倾囊相授,有时甚至亲自出马到现场解决问题;年级组遇到朗诵的急活,她总是二话不说,欣然接受。有一次校务会议上的集体合唱,她克服嗓子不适,重拾老本行,在舞台上呈现出的一段个人演唱,轰动现场。浦老师身上展现出的不摆谱的亲和力,是我们年级组宝贵的财富。

集团总校长赵建华是我们组的定海神针，他十分关心年级组的成长，他希望大家在年级组的平台上充分展示自己。年级组的事，是我们每一个人的事；把每一件年级组分配的事，当成一次机会的把握、一种信任的表达、一种力量的勃发。与每一个独特的人"伴行"，你会发现群英荟萃的年级组，各自争奇斗艳，愈发熠熠生辉。

二

我们年级组的名声，主要源于一些活动的策划、组织和实施过程中体现出来的精品意识。年级组每个人都缺一不可，每个人都能在活动中找到自己最合适的位置，发挥最恰当的作用。

清晰记得，五年级时我们曾举办过特殊的秋季研学活动"我与黄瓜有个约会"。一接到学校的任务，说要在一根黄瓜上做大文章，想想都有点不可思议。但是，我们喜欢挑战，迎难而上，开发黄瓜资源。人心齐，泰山移，最终"黄瓜大会"如期开幕。这次活动，全年级师生参与，全学科融合，全是满满的收获。

年级组主要结合了语文、数学、英语、美术、音乐、科学等众学科特点，开发出多种活动项目：清晰明了的思维导图，灵活多变的思维体操，妙趣横生的英语天地，益智启思的拼图游戏，创意无限的歌曲改编，生动直观的科学演示。活动现场，孩子们通过看、数、画、测、比、描、摘、种、验、搜等方式，与黄瓜进行了亲密接触。我们始终相信，只要以研学为支点，就能撬起孩子的缤纷童年。

这次活动被我们称为"黄瓜行动"，仅仅是众多年级组活动中的一个剪影。无论是为学生成长奠基的综合实践活动，还是展示教师才华的各类文娱活动，我们都积极参与，一是表明我们的态度，二是体现我们的能力，最终会换来一段段幸福美好的回忆。回忆里除了有辛苦忙碌，更多的是彼此关照的温暖、相互协作的团结、一起"伴行"的优秀。

三

在年级组建设过程中，年级组长要带头亲力亲为。我喜欢在每次活动结束后，在年级组群发表我的感言，对活动进行及时点评，通过鼓励的话语，让老师们觉得付出被人关注，付出总会有回报。不妨来看一段感言："迎新歌会已经结束，感谢大家的辛苦付出。无论是歌曲的遴选，还是队形的排练；无论是形式的多样，还是清唱的独特；无论是自家的闭门修炼，还是外援的倾情加入；无论是单次的走台，还是多次的磨合，我们都用高效率的行动诠释了年级组的凝聚力。"有时候，类似这样短平快的节奏，只要参与，想想就是很美妙的感觉。

我喜欢在年级组制造"小惊喜"。生活有惊喜，生活才有滋味。比如，每个月获得"优秀年级部"了，我就会在群里发个红包给大家。2019年元旦，我给年级组老师每人发了一个小台历，为了增加台历的附加值，我请时任新河校区执行校长的王俊峰在每个台历上写上对每位老师的教育心语；自2017年起的三年期间，我一共制作了三本属于我们年级组的画册，第一本是《我们》，第二本是《那一年》，第三本是《无尽光芒》。总有一天，我们年级组的兄弟姐妹会分开，但时光已然定格在我们的画册里，这就是最值得我们怀念的岁月。岁月里有你的努力，有我的心意，有我们共同"伴行"的见证。正如《小美满》歌词所唱："无论如何，记得保管小小的光环，笑就好苦也好，今天就是明天最好的陪伴。"

热爱着现在的教育事业，热爱着班上的学生，热爱着同事，热爱着生活的一切，优秀就是这样练成的。与优秀老师一路伴行，共同抱团成长，我们才会走得更坚定，更自信！

现场是后勤服务的"第一课堂"

邬青松

学校后勤部门的工作以繁杂琐碎著称,除了财务报支、台账整理这类工作必须静坐于室内,心无旁骛地完成,其余工作要做好,必须到现场走一走、看一看,必要时还要与人聊一聊,闭门造车肯定是不行的。这就如同老师上课,课前再精心准备的教案也只是文字层面的预设,只有走进课堂,才能演绎精彩,而后勤服务的"课堂"就是现场。

一

现如今,社会各级部门以及家长,对学生食堂日益关注,食堂管理成为后勤工作中极为重要的一部分。如何让孩子吃好,是需要管理者动脑子的。端坐在办公室,调动已有经验,冥思苦想编制的菜谱,一定是孩子喜爱的吗?还真不一定,确定的答案要到现场去看。

走进食堂,学生剩得多的菜,一定是大多数人不喜欢的。不喜欢的原因多种多样,例如盐水虾,这道高蛋白的菜肴,学生不爱吃,仅仅是因为不爱剥虾或不会剥虾。在巡查中发现了问题就要着手解决。后勤部门牵头,先制作介绍虾的营养价值的 PPT,再找到指导剥虾的视频,联手学生指导中心安排班主任利用食堂吃虾那天的晨会进行专项指导,同时和学生约定,中午在食堂比赛剥虾,同桌 8 人比赛,看谁剥得快。那天,虾成为大多数学生口中的美味,可以说管理初见成效。接下来除了坚持,就是请班主任对那些还不会或不愿剥虾的孩子进行手把手的指导。只要自己动手剥虾吃能形成风气,慢慢地孩子就会接受虾这道美食。

当然,有些菜孩子是真的不喜欢,但从营养均衡的角度出发,食堂需要安排。有次查看食堂,发现剩菜桶里倒了很多西芹,原来那天吃西芹炒虾仁,孩子不爱吃西芹,就倒了。这样可不行,万一家长问孩子:"今天在学校吃了啥?"孩子回答说:"就吃了几粒虾仁。"那家长会怎么想,他们能满意吗?既然这道菜主料是虾仁,那为什么不增加点虾仁?西芹作为配菜,必须有,但可以减量嘛。再请班主任宣传下芹菜的营养价值,到那时餐盘中为数不多的一两片西芹,进入孩子腹中又有何难?

你看,不到现场去看一看,这些问题怎么会被发现?更无从去思考如何解决,只会沉浸在自己所预想的美好中不能自拔。长期如此,后勤服务的满意度怎么能提升?

二

有阵子食堂炒山药、土豆、鸡蛋,经常有焦味,影响就餐人的食欲。一开始觉得是厨师态度问题,专门开会端正工作态度,结果问题依旧。后来,到后厨看了一下厨师炒鸡蛋,发现了端倪。大锅炒鸡蛋,火大,翻炒稍有不慎,就会炒煳。怎么解决呢?

我从百度上找到了食堂炒蛋不煳的视频,给厨师学习。其实窍门就是多放油,让蛋飘在油上,不粘锅底,最后用滤网滤油,把炒蛋变为烩蛋就行了。可这方法只适用于炒鸡蛋,对山药、土豆就不行了。这时厨师告诉我,山药和土豆容易煳,是因为它们淀粉含量高,大锅炒制前要焯水,洗掉表面的淀粉。如果当天加工量大,焯水不彻底,就有可能炒煳,而且只要有一点点煳了,影响的就是一大锅。这次我真是长知识了,明白了食堂大锅菜和家中小锅炒还真不一样,那下次开菜谱时要注意加些其他配菜,减少山药、土豆的量,消除烹饪过程中的隐患。

子曰:"三人行,必有我师焉。"深入一线去调查研究,和专业人士一同探讨,不仅能真正解决问题,而且能从中有所收获,相互提升。这样的工作方式，比简单地批评指正、提要求更有意义。

三

老师日常教学中最讨厌遇到什么？多媒体设备不能正常使用一定是其中一个。我们校区教室内的大屏，大多数已使用5年以上，这在电子设备中已算是"高龄"，所以日常使用中故障不断。

一日早读课，接到一位老师的电话。电话那头很着急，说是教室里的大屏开不了机，今天第一课有教研课试上，怎么办？我说："别急，我来看看。"赶到教室发现是电源开关被人关了。我帮她处理好后，再教她以后遇到大屏没电要查看哪些地方。一一指点完毕后，工作才告一段落，老师很感激。

过了一段时间，老师又发消息，说大屏打不开PPT。我立即来到教室，发现确实开机即死机，触摸完全失灵，找来有线鼠标打开"我的电脑"，C盘一片红，原来桌面文件杂乱，平时下载软件时被安装了"全家桶"，系统资源被耗尽，怎能不死机？处理这个我在行。于是我一边清理，一边教她以后发现系统开始变慢，就检查下，像我一样清理，速度会变快。老师一边看，一边学，很感谢后勤。

后来有一天，她又找我，说电脑死机了，用以前的方法清理也不行。这次我也没辙，只好请电脑老师来重装系统，结果电脑老师反映重装系统也解决不了问题，应该是硬件有损坏。我只好再次来到那个教室，很抱歉地和她讲，大屏后面的集成电脑坏了，需要寄回厂家维修，一般要两周时间，所以这段时间只能委屈班上的老师，暂时全部使用传统的教学方式来组织学习。老师听了，虽然明白自己已备好的课需要全面调整，还是万分感谢后勤部门对她反映情况的重视。

正所谓"设备老旧让人厌，及时到场暖人心"。后勤服务要提升满意度，迅速到达现场是必需的。无论能不能解决问题，你的出现本身就如同三月里的春风，给师生送去了温暖，走进了他们的心田。

其实，后勤工作说起来涉及面广，事情多而杂，但是中心词就是两个字——服务。后勤要服务于师生生活，服务于学校的正常教学，服务于各项活动的开展。做好后勤,就是做好服务,做好支持。在后勤的舞台上,细节决定成败。怎样才能把工作做细?及时到现场是第一步。现场,是后勤服务的起点,也是人生智慧的源泉。在这里,我们学会了倾听、观察与思考,一起携手同行,共同创造美好未来。

向美而行

赵 红

"各美其美,美人之美。美美与共,天下大同。"这十六个字是著名社会学家费孝通先生在谈到对文化的感悟时指出的。懂得各自欣赏自己创造的美,还要包容、欣赏别人创造的美,这样将各自之美和别人之美拼合在一起,就会实现理想中的大同美。

小小的年级部是学校里的一个小团体,在这里遇见的是美的人、美的事,讲不完、品不尽。在这里,我们一起找到了那抹阳光,与之温暖相伴。

一

也许也有人说:"我有什么重要,没有我,家人照样生活";"没有我,单位照样运行";"没有我,地球照样转动"……是吗?

临近期末,学校要求以年级部为单位,拍摄拜年视频,还要表演一个有创意的节目,并且要进行评比。忙得团团转的我,曾经不止一次地想:"这时候我生病了,请假了,我们组的任务还能完成吗?"我也不止一次地告诉自己:"我很重要,我要给予组员力量。"这次活动,我安排给一个年轻教师的任务有好几个,她烦躁地对我吼道:"为什么又是我?难道非我不可吗?我有那么重要吗?"我一本正经地对她说:"对的,你很重要,非你不可。"她听了"噗嗤"一声笑了,说:"好吧,我很重要。"过后,她认真地完成了唱歌、排舞蹈等任务。简短的一句"你很重要"直击教师的心灵,她感受到被尊重和赏识。在之后的排练过程中,几个年轻教师主动陪伴左右,帮忙搬一下道具、点一杯咖啡、下载和制作音乐……每个人都发挥了自己的能量，热情就在这一点一滴中燃烧。此刻请在心里默默地说："我很重要，我很重要，我很重要。"你听到自己的心脏在这种呼唤中猛烈地跳动了吗？你听到山岳和江海传来的回声了吗？让每一个年轻教师都为自己定位，清楚自己的角色，什么是自己可以做的，什么是自己必须做的，必须发现自己的美，认识到自己在集体中是一个美的个体。

二

完美的团队中，成员保持强大的战斗力，具备强烈的事业心，这种动力和凝聚力往往来自互相之间的信任。在建立信任的过程中，沟通和倾听是释放美的使者。

我们年级组是由不同年龄、不同性别，来自不同地方的老师组成的。有经验丰富的老教师，有朝气蓬勃的年轻教师。大家的生活习惯、教育理念、思维方式都蕴含着各种不同的美。

学校举办广场舞比赛，每个年级部都要组队参赛，基于节目性质的原因，我没有安排一个体形微胖的女老师参赛，我是怕她不愿意。后来其他老师告诉我，她有点想法，觉得其他年轻的女老师都上台了，就她没有参与，感觉难过又难堪。我连忙找到她，向她道歉："不好意思，是我考虑不周，真诚地邀请你一起参与舞蹈演出。"她愉快地参加了，在编排舞蹈的过程中，她还提出了很多独特的建议。每次排练都是在放学后，令人特别感动的是她不顾幼小的孩子，坚持不请假，还带动了所有参加排练的老师，整整一个月，所有老师无一人抱怨，我们快乐地把每一次排练当成美好的相伴。演出圆满完成，谢幕的一瞬间，在热烈的掌声中，我们互相听到各自心中那有力的呼声，也从各自的眼中看到了在一起的美好。

因想法不同而误会，因沟通、共行而完美。当你能够沉静地坐下来，目光清澄地注视着对方，微微前倾你的身体，那么你能听到心与心碰撞的清脆音响，宛若风铃。

三

一只木桶能盛多少水,不仅与最短的木板有关,还与木板之间的缝隙有关。一个团队能否成功不只取决于团队里最厉害的那个人,还取决于成员之间有没有默契,够不够协调。

记得那个夜晚,我们组10个语文老师,披着星光,亮着手机手电筒走出了校门,回望黑夜中的学校,心潮澎湃。语文组的课程讲述就在明天,怎么办?留下来加班吧,老教师润色文字,逐字逐句推敲,年轻教师制作PPT。有电脑高手,有找素材能人。有动画,要唯美。不知不觉晚上10:00了,此时电话铃响起,家中孩子吵着要妈妈了,年轻的妈妈狠心地说:"不回,我们工作还没完成呢。"倔强地坚持到了最后。已上学的孩子陪着妈妈加班,累了睡在椅子上,真的不忍心看到这一幕。为了第二天的展示,为了完成自己心中那份美好的创意,为了完美地呈现,为了同行的路上我们的互相温暖,一切都是因为遇见了那份善良,那份执着。半夜12:00,当键盘上敲下保存的那一刻,欢呼已经不能表达我们内心的激情。

我们的学校生活就是这么丰富,酸甜苦辣滋味尽全。是不是觉得我们是全能,十八般武艺都要会?也不尽然,我们也有长短板,在长短板固定的情况下,一只木桶想要盛更多的水,就要保证各木板之间把缝隙压到最小,这样即便有短板,也可以把木桶倾斜,接收尽可能多的水。美国前总统肯尼迪曾说:"前进的最佳方式就是与别人一道前进。"

张爱玲说:"于千万人之中,遇见你所遇见的人;于千万年中,时间无涯的荒野里,没有早一步,也没有晚一步,正巧赶上了。"我们在人生最美的时间里,一次又一次地遇见,在这场温暖的修行中,用生命温暖生命,用灵魂感动灵魂。短短的故事让你一起感受我们这个集体里放射出的缕缕阳光。

从"推动者"到"陪伴者"

朱 琳

教育路漫漫,育人心灼灼。教育这条路是艰难的,但是仍有一群教师在教育之路上不断进步,不断成长。身为育才校区学生指导中心主任,我更应该为老师们搭建好适合成长的行动路径,通过陪伴式引领,帮助他们打开自我突破的生成场域。

教育路上,最美的声音,是家校同频的回响;最好的教育,是家校共育的互动,因爱而聚,为爱前行。在与家长沟通时,如果你觉得对方很难沟通,说明你还没有找到他的"话匣子"。

这天,晨会课结束,只见小嘟老师匆匆跨进办公室,将整个人缩进办公椅,状态很不好,大家伙一看连忙围过来,看小嘟老师不吭声,年长一些的文老师开口道:"丫头,有什么事说出来,大家都是你坚强的后盾。"原来是收回执"惹的祸"。

两天前,学校下发了医保告家长书,小嘟老师反复跟学生(已是高年级)强调医保回执一定要请家长签好字后带来学校上交,这样才不会影响后续缴费。除了跟学生强调外,小嘟老师也在班级群里发了相关信息加以提醒。第二天全班仅有小鑫一人没带,小嘟老师让他第二天带来,并在当天放学时提醒他别再忘记了,结果回执仍旧迟迟未到,小嘟老师联系了小鑫家长,希望家长能帮忙马上送过来。谁知一条短信激起千层浪,小鑫家长直接在班级群里发声:"什么叫马上送过来,请你说话缓和点。""有什么意见?我没有,也不敢说……你赢了……"一条信息接着一条,家长不断地输出着文字,发泄着情绪。事情发生后,小嘟老师觉得很委屈。听明白了来龙去脉的我走到小嘟老师办公桌旁,先向她了解小鑫同学的情况,并建议:"冰冷的文字有时无法准确地将你的意思表达清楚,这种情况下无论怎么回复都很容易激化矛盾,反而不利于事情的解决,你最好把家长约过来当面好好谈一谈。"

当即,小嘟老师就联系了小鑫家长,把他请到了学校。一开始,小鑫家长的情绪仍然比较激动:"工作已经很辛苦了,还要天天操心学校这些琐事……"尽管小嘟老师耐着性子表示理解,但家长依然不买账,使得一开始的交谈很难进行下去,眼见着家长面红耳赤的模样,我赶忙将小鑫家长引到另一边:"你坐,小鑫爸爸,你能主动过来找老师,这说明你特别关心孩子。"我表示明白他的心情,希望他能冷静下来,说一说他有哪些诉求,能解决的,我和小嘟老师一起来处理。此时,刚落座的家长还处于应激状态,说话时,脸颊一直在颤抖,一开口全是抱怨:"其实不仅仅是医保回执这一回事,还有……"面对家长的高亢语气,我选择了耐心倾听,与小嘟老师搭班的李老师和刘老师也被我喊来了现场,以方便及时与家长沟通,解决他的诉求。两位老师在家长倾诉的过程中也不断地点头,对家长的话语表示理解,并且找准契机,给家长看了几张孩子被表扬的照片,告诉家长:"即使是被表扬的时刻,小鑫也是不自信的,你看照片里的他,低着头呢。"家长连连点头附和,担心地说道:"是的是的,老师,我也发现了,也怪我平时对他要求太严格了……"就在这个过程中,当话匣子被打开后,小鑫爸爸的情绪终于稳定下来,小嘟老师再跟家长谈论孩子在校的情况就很顺畅了。慢慢地,家长脸上也有了笑容:"是的是的,我们的目的都是为了孩子好,是我刚刚情绪太冲动了。"这次谈话很愉快地结束了,事后家长还在群里真心实意地跟老师道了歉。

目睹了整个事情的青年教师小李,事后反思道:"如果是我,我又该如何去打开家长的话匣子,走进家长的内心呢?恰逢这一周的班主任例会,朱主任邀请了几位优秀的老师在'我在支招'这一环节就对'班级建设'方面交流了许多优秀的做法,特别是陈点老师的一番分享,令我感触颇深。其实家校沟通的矛盾大多源于相互之间的

不理解与不信任。想要有效沟通，就要打开家长内心的那把'锁'，那我们就要多找孩子的亮点来跟家长共情，打开家长的话匣子，让家长愿意跟我们敞开心扉地交流，共同找到帮助孩子的方法。此外，需要家长配合的地方一定要跟家长说清楚，后续还要多跟家长反馈孩子近期的进步和优点，让家长感受到孩子的变化以及老师对孩子的关心和爱。"

在校园内，随处可见这种倾囊相授、互帮互助、教学相长的美好图景。一位位资深教师以身作则，用智慧和热情引领青年教师成长；青年教师们也是虚心学习、勇于探索，不断在教育实践中锤炼着自己。

2023年，小狄老师接到由她代表南通经济技术开发区参加南通市少先队辅导员技能大赛的通知，这于她而言是一场重要的比赛，但留给狄老师准备的时间却只有短短六天。从确定参赛主题到拍摄素材，再到完善稿子、制作课件，一切准备都还为零，这让小狄老师倍感压力。

我喊上学生指导中心的几位小伙伴，再约上几位资深教师，正式组建"小狄的后援团"。从成立的那一刻起，群里的"热闹场面"就没有停过，选什么题材比较合适？群里的讨论热烈而细致，最后确定题目为《千里缘分一线牵》，以沈绣为主线，讲一讲国家外交之"国礼"。确定好了主题，立马行动，后援团中的陈婷主任利用周末陪小狄老师带着学生们前往沈寿艺术馆体验沈绣，拍摄素材；于幸园老师对演讲文稿几番修改；孙晓飞老师几次听试讲，提出中肯的建议……小到PPT里每个环节应用哪一张照片，每句话要用什么样的语气、语调说出，参赛时穿什么服装、梳什么发型……事无巨细，都在群里一一讨论。"今天需要我做些什么？"这是"小狄的后援团"里出现频次最高的一句话。

一遍遍地改稿、改课件，一次次地展示，后援团成员们给予了小狄老师莫大的鼓励和帮助，不仅在专业知识上为小狄老师答疑解惑，还不断地给她加油打气，让她坚信自己能够克服困难。每当小狄老师感到迷茫和无助时，我们都在她的身边陪伴着她，帮助她完善宣讲流程，创新活动方案，在一次次小目标达成过程中逐渐提升自我，使小狄老师能充满希冀地在探索之旅中遇见更美好的自己。

小狄老师的搭班朱胜健老师总是亲切地说："班上，你别担心，安心准备比赛，班务和课务，我来。"她的理解和支持，让小狄老师能够心无旁骛地专注于比赛。

在这紧张的六天里，小狄老师深知自己肩负着大家的期望，唯有全力以赴，认真备赛，才能不辜负大家的信任。她怀揣着大家的祝福和期待，自信地站在了舞台上，那一刻，她不再紧张，因为她知道，自己不是一个人在战斗。

"青年教师，请珍惜自己的每一次出场。""一次活动就是一次洗礼，就是一次拔节成长！"市级一等奖，是对小狄老师的肯定，她抓住了这一次出场的机会！相信小狄老师通过这一次的出场，收获了经验成长值，相信她会更加清楚、诚恳地审视自己，坚定、执着地迈出下一步。

芳华初绽，未来可期，教育是一场永无止境的修行，也是一场爱与被爱的修行，是一场幸福的双向奔赴。愿你我在教育的修行里，上下求索，也愿你我都被爱着。

录课诊断,别样成长

张小玲

2021年秋季学期,一场全面实行"双减"政策的深刻教育变革在全国推行,课堂提质,是让"双减"落地的最优解。作为实现师生之间教与学的主场域,课堂这片土壤怎样才能生出提质减负的果实呢?

"教学录像能完整、真实地记录教师和学生在课堂中的真实表现,通过回放录像,对课堂研究反思,教师能发现教学中存在的各种问题。观看自己的录像课,就像在镜子里照自己;观看别人的录像课,可以学习经验,改进不足。"

各教研组集体讨论后认为,开展"录课·反思·研讨"的教研活动不仅能提高青年教师教育教学能力,更能促进教师快速成长。这是一条探索课堂提质增效的新路径,会让"双减"走向深处,落到实处。

一

初秋的校园,尽是明朗。和煦的阳光,透过窗外青绿色斑斓的树叶洒进教室。三(10)班教室内,周勤勤老师正在上语文课《秋天的雨》,她抓住一切良机,通过一个眼神、一个微笑、一个手势、一句话给予孩子们极大的鼓励,让学生动起来,让课堂活起来。教室的后面多出了一个拍摄架,固定了一个横屏手机,这节课,周老师自己录制下全程。

"我虽然只做了一件简单的事——教室后面架一台手机录制一节

课，但发现用处很大，一方面我发现了很多自己上课过程中需要改进的无意识的行为，另一方面集体教研时同事们会帮我进一步提供诊断建议。"周老师是一名入职三年的青年语文老师，当她开始自我诊断课堂的时候，有了很多新发现："我是一个上课时心无旁骛、全情投入的人，第一次回看自己的课时，像是发现了一个最熟悉的陌生人，我猛然惊醒：原来自己的声音和表情是这样的别扭，原来自己的教学设计存在如此明显的缺陷，原来在听学生回答问题时，我会习惯性地重复学生的语言。"

每周的教研活动中，录课教师以旁观者的视角审视自己的课堂教学，从教师与学生两个角度，结合课堂教学片段，对教学设计、教姿教态、课堂管理、课堂提问、学生语言表达及课堂表现等方面进行剖析，重新审视自己的每一句话、每一个动作、每一个教学环节，这一过程不仅能发现问题，还能给出原因分析，提出改进策略。一组组翔实的数据，反映了老师们对录课活动的重视以及对自己成长的负责。随后，组内其他教师一起观看录像，共同分析课堂环节，探讨教学方法，剖析教学得失，展望教学愿景，老教师现身说法，新教师模仿参考，你一言，我一语，不知不觉中，集体教研的氛围开始弥漫，专业学术的熏陶自然而然。

所有的成长都不是一蹴而就的，学生如此，老师也是如此。录课自诊让青年教师在自我发现与自我觉醒中实现专业能力的提升。

二

提起录课，二年级语文组的王一名老师也有很多感触。

"工作后我一直在中、高年级教学，一路走来，自我感觉良好，凭着自己的满腔热血与对教学的执着，也曾取得过一些成绩。去年接到学校让我任教一年级语文的通知时，我一下子蒙了，因为我从没教过低年级语文。就在我一筹莫展的时候，我想起了学校的'录课·反思·研讨'活动，决定先学习名师的教学视频，然后再录下自己的课堂进行反思学习。"

"我找来了许嫣娜、史春研、曹爱卫、孙双金等小学语文名师的课例,一遍遍观摩教学视频,一句句记录教学语言,一次次修改教学设计,然后再录下自己的课堂。虽然已经工作六年多了,但我从来没有细品过自己的课堂。第一次静下心来观自己的课,过程中发现了很多问题,自己也觉得惭愧,甚至没有继续看下去的勇气。"

"但很快我调整好自己的心态,深度剖析自己,寻找问题的根源和解决问题的方法。找差距,查不足,做记录,写反思。为了快速提升完善自己,我继续学习名师们的课堂,心中荡起阵阵涟漪。每位专家的课堂都各具特色,课堂上真实流露出老师的才学、驾驭课堂的能力,无不让我仰望、羡慕、敬佩。"

"正因为有了学校提供的成长平台,我才能不断获得成长。经过一学期的观课、录课、反思,我的课堂已经成熟不少,甚至组内的年轻老师也经常走进我的课堂取经。"不断学习,不断思考,不断改变,现在的王老师对低年级课堂教学已经得心应手了。

三

2023年年底,林洪老师参加了南通经济技术开发区工作五年内青年教师课堂教学展示活动,在展示结束的那一刻,她百感交集,有"轻舟已过万重山"的释然,也有"过尽千帆皆不是"的遗憾,但更多的是"长路漫漫亦灿灿"的憧憬。回首此次比赛过程,她感慨良多。

"作为一个才入行四年的'职场小白',我深知自己的能力有诸多欠缺,压力巨大。幸运的是,我不是一个人在战斗,同事们帮助我,前辈们教导我,学校为我提供了强大的后盾。校领导坐镇设计,精雕细琢,从每句话的表达、动作、表情一一进行指导;张老师和马老师帮忙搭建教学框架、指导表达和思路;黄老师设计作业三单;顾老师、汤老师修改课件;四年级语文备课组细心磨课、全力支持,一次又一次地鼓励我,各年级教研组长们集体参与听磨课,提出想法……"

"为了能在展示活动中发挥出最佳水平,我在年级组借班反复试教,录下视频先进行自我审视,再请备课团队一起打磨,力求做到最好。在一次次回看自己的教学录像时,我知道当务之急是提升自己应对课堂突发状况、随机应变的能力。我在失败中不断地总结,反复地实践,从实践中获取经验,积累经验,努力提升自己驾驭课堂的能力。"

"感谢在我成长道路上给予我无私帮助的领导和老师们,正是因为有了实小这个团结的大集体,我才能不断向阳,借力成长。前路漫漫亦灿灿,笃行步步亦驱驱,教学好比无涯之海,而行者无疆,唯有积跬步,方能致远。我将继续循着光,靠近光,成为光,持续保持对教学的热爱,奔赴下一片山海。"

"录课·反思·研讨"活动作为一种创新的教研模式,为青年教师们提供了一个展示自己、审视不足、观摩交流、反思成长的良好平台。它不仅推动了教师的专业成长和教学质量的提升,更实现了从青年教师个人成长到团队赋能发展、教学团队整体水平提升的跃迁。

我们在一起

许 可

教师发展中心的主要职责究竟是什么呢？在我看来，简而言之，就是为教师的成长提供全方位的支持和帮助。这一使命不仅涵盖了对教师专业发展的引导，还涉及帮助他们直面职业生涯中所遇到的种种挑战和困惑。因此，我常常在思考，教师们究竟需要什么帮助？我能提供哪些支持，帮助他们解决困难，让他们在教育的道路上走得更远、更稳？我愿意与他们并肩作战，亲自参与其中，与他们共同探讨有效的教学方法。我愿意与他们共同思考，提供创新的点子，为他们带来新的思路和启示。我愿意与他们共同渡过难关，无论是面对工作上的压力还是个人生活的困扰，我都希望能成为他们坚实的后盾。

一

能达校区新的一期读书社即将举办成立仪式，这是一个充满希望和挑战的时刻。社长和理事会成员都是充满活力、极其负责且不畏艰辛的优秀青年教师，他们怀揣着对教育的热爱和对未来的憧憬，积极投入读书社的筹备工作中。然而，尽管他们富有激情和动力，但缺乏组织活动的经验却是一个不小的障碍。如何筹备和组织成立仪式呢？

我想与其单纯地告诉这些年轻人如何去做，不如亲自陪伴他们一起行动。因为在共同行动的过程中，能够及时发现许多细节问题，并且能够及时给予他们帮助和指导。我开始与社长进行深入的商讨，提供资源和创意，共同确定活动方案的大致框架。召集理事会成员召开筹备会议，跟进会议进程，确保每一个细节都得到充分的考虑和安排。

在筹备过程中,我鼓励这些年轻人畅所欲言,表达自己的想法和创意。我耐心地倾听他们的意见,同时在他们讨论的过程中,及时指出他们遗漏的细节问题,引导他们思考并完善活动方案。为了确保活动顺利进行,我们还进行了多次模拟演练,不断调整和完善方案。

除了筹备会议之外,我们还建立了线上群组,以便大家随时在群内分享筹备过程中遇到的问题和困难。我实时跟进,及时解答他们的疑问,陪伴他们一起勇敢地面对挑战。渐渐地,我发现这群年轻人的眉头逐渐舒展,步伐变得更加坚定。他们开始主动承担责任,积极解决问题,为读书社的成立贡献自己的力量。

晚上八九点,他们还在群里实时更新活动筹备的进展。我回复道:"大家太给力了!早点休息!"这句话不仅是对他们努力的肯定和鼓励,也是对他们辛勤付出的感激和敬意。慢慢地,在组织筹备的过程中,他们开始主动提出发现的细节问题,并讨论解决方案。从被告知如何去做到"我想可以这样去做",他们真正成长为读书社的骨干力量!

在现场,在身旁,在心间。只有和教师同在现场,共同面对,教师才能感到被尊重、被重视、被认同。

二

除了陪伴青年教师一起行动,我还希望成为他们的智囊团成员。许多青年教师向我寻求帮助:"我的文章上次投稿没能发表,您能不能帮我看看?""您觉得我这个课题申报书还有哪些需要改进的地方?""我们班的这个孩子总是和别人产生矛盾,家长总是认为自己的孩子没错。我该怎么办呢?"面对这些问题和困惑,我总是耐心地倾听他们的诉说和求助。我最常说的话就是:"我帮你看看。""你说给我听听。"有空的时候,我会陪他们一起寻找解决问题的思路和方法。结合自己的经验和教训,告诉他们问题的核心症结所在,帮助他们理清思路,对症下药。同时,我也会鼓励他们保持积极乐观的心态，相信自己能够克服困难并取得成功。

当我看到我帮助老师们修改的文章发表了、课题申请通过了、矛盾解决了时，我和老师们一起感到高兴。在共同思考的过程中，我们建立了深厚的友谊和信任关系，成了彼此成长道路上的伙伴。

伴思伴行，助推前进。只有竭尽所能地去帮助与托举每一位老师，老师才会安心成长，学校才能稳步发展。

三

一次放学后，我偶然走进一间办公室，看到一位老师在加班。与她闲聊了几句后得知，因为连续几天的高强度工作，她的嗓子嘶哑得非常厉害。这位老师年纪并不大，但她的嗓子状态让我心疼和担忧。

在我成长的道路上，我曾遇到过几位因长期用嗓过度而声音嘶哑的老师。他们用自己的声音传递着知识的力量和教育的温暖，但却因为工作而失去了原本清脆悦耳的声音。这总是让我感到心痛和惋惜。因此，当我看到这位年轻教师也遭遇同样的困境时，我决定为她提供一些帮助和支持。

我告诉她一些保护嗓子的方法和技巧，比如注意发声方式，多喝水，少说话，避免过度用嗓，等等。同时，我也分享了自己曾经使用罗汉果等中药材来缓解嗓子不适的经验。第二天，我带了一些家里的罗汉果给她，并把方法详细地告诉了她。我希望这些小小的帮助能够让她感受到温暖和关怀，让她在工作的道路上更加坚定和自信。

一个星期后，她给我发来信息说："谢谢您的关心和帮助！我已经好多了！"她还说："其实那时正是我最脆弱的时候。嗓子不好再加上工作中的其他琐事让我感到非常沮丧和疲惫。但是您送给我的罗汉果让我感受到了温暖和力量。心情一下子变得明媚起来！"听到这样的话语，我感到无比的幸福。关关难过关关过，我愿意成为那个陪伴老师们一同渡过难关的人。

共渡难关，温情相伴，伴行是传递温暖的纽带。

我们在一起。共同面对，一起分担，相伴前进！

我在你身边

黄嫣琳

在实小集团担任团委书记的四年时间里,我时常思考,如何凝聚年轻教师的力量,激发其内驱力,焕发其活力,促进其精神成长。于是,我走进青年教师这个蓬勃的群体中,践行"我在你身边",用"伴行"让管理的步伐走得更为坚定。我在你身边,是陪伴,是倾听,是深入,是见你所见,想你所想。慢慢地,一切便有了轨迹……

一

在身边,眼里有星河。实小集团星湖校区是我进入实小集团后邂逅的第一个校区,在这里有一个温馨小家"办公室4"(以下简称"办4"),凝聚着8个小伙伴,4个"小萌新"和4位并不算老的"老家伙"。在办4,我们见过无数的日落与星辰,长达一年的时间里,"小萌新"们总是自发地在下班后留下来,苦练基本功,往往一首粉笔字书写的小诗,她们能对照范本琢磨练习半个多小时。每每一写完,互相交换黑板,圈圈画画,互相点评,也经常会拉上我们这些"老家伙",拿着红粉笔非得让我们改上几笔。一段时间后,"老家伙"们发现能"指点"的越来越少,慌得我们也暗戳戳"偷"了几块小黑板,一股脑加入粉笔字练习大军。在办4,"厚脸皮"也成了我们的技能之一,"老家伙"们备课时,旁边总是会蹭上几个脑袋,一会儿问问这个环节怎么处理,一会儿问问这个设计有什么用途。"小萌新"们被听课教师指出不足时,也不恼,她们从不内耗,而是选择搬张椅子,在"老家伙"们上课时大咧咧地从后门进来,往那儿一坐，把你怎么教学、怎么管理班级的方法学了个精光。"老家伙"面对新技术难免力不从心时，"小萌新"们二话不说把"老家伙"扒拉到一旁，一句"看着点"，便三下五除二解决了技术难题，还要嘚瑟一把，喊一句"没我你可怎么活哦"，然后扬长而去。

我在你身边，所见便有所感，所感便有所思。我所见的办4，让"抱团"有了具象化的表达，8个人跨越了学科与年龄，从同事变成朋友，甚至有了家人的感觉。我想，这得益于一场场活动，新教师为期半个月的封闭式培训、广场舞比赛、教师节露营烧烤……大家在不同的活动中，破冰、合作、交流、取暖，慢慢地拧成了一股绳。这也给我后期团委工作的开展带来很大的启发。

初接手团委工作时，我便发现团委作为培养青年教师的载体，体量委实不小，从一开始的一百多人，发展到现在的将近190人，五个校区分设出五个支部，青年教师之间难免缺乏沟通。我想着如果能打破"各自为营"的状态，感受抱团成长的温暖，让青年教师间有着办4般的情谊，成长在办4般的温馨环境中，以"情"为纽带，是不是能最大限度地激发他们对职业的认同感与内驱力。于是，团委坚持每年至少举办一个跨校区的大型活动，走进滨江公园、图书馆、红色基地等，开展积极有意义、互动性强的体验活动，让青年教师在一次次活动中逐渐破冰，在交流互动中建立友谊，在分工配合中感受抱团取暖。

我在你身边，眼里便能见星河，"伴行"在"能看见中"生长出坚实的枝丫。

二

在身边，耳中有回响。有一年实小集团组织了一次团建带队建活动，学习扎南通板鹞风筝，体验非物质文化遗产。大朋友们、小朋友们在兴致勃勃扎风筝时，坐在我身边的小雨老师边做边向我嘟囔了一句："这活动还挺有意思，以前活动这么办，我肯定第一个报名。"话语飘到我耳边，我一下捕捉住了话语中的言外之意——看来对于之前团委的活动，老师们的反响并不是特别好啊。活动一结束，我就喊了一些团员老师聊天，问问他们对活动的看法。鉴于这几位老师和我都有着同甘共苦的"革命友谊"，大家稍稍犹豫便打开了话匣子。仔细琢磨，便发现了问题所在，年轻老师入职后的几年是学习与教学并头齐驱的关键时期，不少年轻老师还活跃在学校的各项活动中，挤时间参与团委的活动难免有些力不从心，更何况有些活动形式呆板无趣，老师们便会当成任务了。

我在你身边，关注身边的声音，如果能抓住这些声音，站在老师们的立场去想一想，那便能落地有声，有所回响。不能责怪团员老师们，这正如我们日常的教育教学，教学目标是正确的，但没用上合适的教学方式，不能激发学生的学习兴趣与内驱力，那便是无效的。团委的活动要办得巧妙，让老师们乐意参加，能沉浸式体验。紧跟学习热潮，要宣扬中国传统文化，除了习以为常的宣讲，还有没有更好的方式呢？有啊，我们与汉服社联合，举办了民俗活动体验日，八个传统文化体验项目让老师们自由选择。在中国共产党成立100周年的党史学习中，除了理论学习，我们组织老师们走进南通师范高等专科学校，触摸红色历史脉搏。在中国共青团成立100周年，五四青年节前夕，我们组织"三行情书表白团"，用青年教师喜欢的方式花样表白。

我在你身边，耳中有回响，"伴行"在"能听见中"焕发出勃勃生机。

三

在身边，心底有温情。浦海虹是学校一位年过五十的老教师，但我们都称她"小浦"，无外乎其他，她年轻的心态、温柔的态度、平和的情绪，让她能轻易走进年轻老师的心中，熨平大家心底的焦虑与惶恐。那天上午，小浦莫名消失了将近一个小时，回到办公室便偷偷把我拉到一边，说起了这一小时的经历。原来，她在车库遇到了一位刚参加工作的老师，这位老师一个人默默坐在电瓶车上，垂着头，不发一语,神情落寞。小浦敏锐地捕捉到她的情绪,尽管并不认识,还是主动上前询问。聪明的她,没有说自己是谁,也没有问这位年轻老师是谁,以路人的身份倾听老师的烦恼。郁郁寡欢的年轻老师,在她温柔的话语、鼓励的眼神中,慢慢倾吐了自己的心声。听到这位老师因缺乏管理和教学经验,在班务与教学中不得其法,内心焦虑、难过,而产生了不认同自己的情绪,小浦在宽慰的同时,适时地抓住机会与她交换了微信。她与我商讨,能不能在保护这位老师隐私的前提下,学校的管理层做出一些有益举措。

小浦的叮嘱总在我脑海中盘旋,我能为老师们做些什么呢?团委是和年轻老师打交道最多的部门,行走在他们中间,聆听他们的心声,最能做到共情。社会对于教师这一职业的高要求,家长对于教师的高关注,尤其是对年轻教师带着审视的目光,无形中让年轻教师紧绷着一根弦。再加上专业发展、教育教学、班务管理的三重压力,如果年轻教师的心理承受能力比较差,适应能力比较弱,那么很容易产生亚健康的心理状态。

我在你身边,让我听到老师们的心声,切切实实地去为老师们做事。团委要为年轻教师做好服务,解决工作与生活中的困难。我与学校的专职心理教师多次商讨,最终决定举办"团团护心"心理专题系列活动,在"手绘曼陀罗"等团辅活动中,在一期又一期的活动中,及时发现问题,由专职的心理教师一对一跟进,改善老师们的心理状态。

我在你身边,心底有温情,"伴行"在"能想到中"散发出满园馨香。

我想,所有的行政管理人员应该时刻践行"我在你身边",在能看见、能听见、能想到中,破解"伴行"的密语,创建和谐的关系,成为师生一路同行的"关键他人"。

第四章

课堂伴行：同声相应，同气相求

"同声相应，同气相求"出自《周易·乾》，意思是相同频率的声音能产生共鸣，相同性质的事物会相互吸引。在课堂上，教师构建学习共同体，让志趣相投者互激共进，异质思维者碰撞相融，使课堂成为思想共振的磁场、智慧共生的沃土。

伴行的意义，是共同走向生命的美好。这样的美好，连接着儿童的今天，承载着民族的未来。光与影，看得见，摸得着；教与学，走得实，思得远。伴，是一种融与创，更是一种守与恒。

课堂伴行有助于提升学习力。我们在乎孩子对世间万物的好奇发问，那是所有生长最永恒的微光。从问中来，向思中去。学会质疑、尝试探索，伴行课堂追寻充满温度的引导与陪伴，期许孩子们能缓缓构建起属于自己的知识堡垒，在互动与合作中，守护着教与学的梦想。

课堂伴行有助于催生创造力。推开一扇窗，迎来一束光。伴行课堂，在心芽儿上，催生知识的芬芳。在拔河比赛中，孩子们在雨中奋力拼搏，那倾尽全力的拉锯，那斗志昂扬的呐喊，都是生命活力的绽放。雪花轻盈，童年烂漫。走出去，融入自然，这是课堂的魅力，更是知识体验的成全。

课堂伴行有助于激发包容力。当学习真正发生，伴行课堂便成了智慧的港湾。包容、理解、支持、激励、赏识、尊重……是这个港湾里弥足珍贵的底色。在乎每一个，关注每一个，陪伴每一个，是现在，更是他们的未来。做中学，学中悟，从关注知识的传授，到关心情感的培养和价值观的塑造，知识从书本中走出来，成为带得走的素养。

未来已来，行则将至。伴行课堂当紧跟时代，创新前行，以担当之态陪伴孩子迈向美好未来，托举民族希望。

种子的信仰

李小琴

"我不相信/没有种子/植物也能发芽/我心中对种子的信仰/让我相信你有一颗种子/我等待着奇迹。"梭罗在《种子的信仰》一书中曾这样写道。

其实,我觉得,所谓的好教育,就是在学生的心中播下一颗名叫"真善美"的种子,然后相信岁月,相信奇迹,相信"自然在卑微处最伟大"。

前段时间,五年级的学生周秋阳在班上"心语"栏目写过这样的话:

"今天,对我来说发生了一件重大的事情,那就是——我竟然成了李老师的'一字之师'!当时,李老师用'靡'的第二声组词时,组了一个'靡烂'。我顿时感觉不对,因为我在之前查'靡'时不经意间看到了'糜',总觉得应该是'糜烂'。我拿出字典验证了一下,果然我对了。我猛地一举手,说了出来。话音刚落,沈浩宇也立即拿出字典,给老师指了出来。李老师恍然大悟,竟向我们鞠了一躬,我们顿时受宠若惊,心里忐忑不安,实在是不好意思。实际上,我认为我们班五十几个同学应该向李老师鞠一躬,因为您是我们的'万字师'。"

看到这样一段充满真情实感的文字,我听到了自己心动的声音,似有一颗沉睡的种子悄悄萌芽,破土而出,在风中摇曳着青翠的绿意。思绪飞扬,在斑驳的光影之间,我仿佛穿越时空,再次回到了青涩的初中时期,回到那节难忘的英语课,看到了让我铭记终生的身影……

当时，任教我们英语课的陈老师刚刚毕业不久，我担任她的课代表。她发音标准、优美，用英语讲课流畅、生动，我非常喜欢她。她也常常让我领读课文，夸我的英文很纯正，这让我在众人面前读书相当自信。

有一次，陈老师生病请假，来代课的是学校的一位副校长，看年龄估计快要退休了。我记得他曾经在课间来过我们班，与陈老师交流时，全程用的是英文。当时，我就站在他们旁边听着，他们谈笑风生，我猜一定是在讲有趣的事情，可惜，我只能听懂几个简单的单词。后来，我又在路上碰到他，见旁边的一个学生热情地和他打招呼。所以，再次看到这位副校长，我觉得很亲切。当然，他上课也是幽默风趣、充满魅力的，我听得非常认真，发现他发音不到位时，就立刻举手了，他微笑地问我有什么问题，我站起来朗声答道："校长，您有个词发音错了，我想给您纠正一下……"

他一愣，立刻又笑了，说："感谢你的纠正，我重读一下。"

大家饶有兴趣地听他重读了一遍，教室里响起了一阵掌声，不知是为他如此谦虚地接受别人的意见，还是因为我勇敢地纠正了他的读音。总之，在同学们掌声中，我骄傲地坐了下来。

接下来，当我第二次纠正他时，教室里的气氛已经没有之前的那么温馨自然了。第三次纠正他时，教室里安静了，大家看着副校长再次重读了一遍。接下来是第四次，第五次……直到第六次，我想要再次举手时，我的同桌碰了一下我的胳膊肘，轻轻地说："你没有看到副校长的脸色都变了吗？给他一点面子呗！"

一语惊醒梦中人，我看到副校长从衣袋里掏出了手帕，擦了擦额头的汗，果然没有了先前的潇洒、幽默，脸色也显得有点严肃。要不是同桌的提醒，我还浑然不觉。我迅速地放下了手，不敢再看他，一种愧疚之情油然而生。接下来的课堂，没有了我时不时地纠正，又渐渐恢复了先前的轻松与热烈。一直到下课前，我都低着头，埋怨自己做事过分了，没有"三思而后行"，无意之举将副校长置于尴尬的境地。

随着下课铃的响起，我的心情也渐渐恢复了平静。我抬起头，冲副校长微微一笑，用笑容表达我对他的歉意、谢意与喜欢，但愿他能看得懂。

他的目光也恰好停留在我身上，看到我的微笑时，他的唇角扬起一个好看的弧度，目光中散发着温柔。他径直地走向我，然后当着全班同学的面，向我深深一鞠躬，真诚地说："陈老师教得很好，这位同学的发音很标准，我要向你学习！作为一名老师，我放松了对自己的要求，很惭愧。今天你给我上了一节生动的课。谢谢！"

副校长突如其来的言行，在我的心中掀起了巨澜，我手足无措，同学们也全部惊住了。随后，不知是在谁的带领下，教室里响起了一阵经久不息的掌声。和副校长告别的时候，我发现全班同学第一次这样无比虔诚、无比庄重地鞠躬还礼，心中充满了异样的感觉。

正如周秋阳在日记中写道："今天，对我来说发生了一件重大的事情。"时至今日，我已经不记得我给副校长纠正了什么单词，也不记得副校长给我们上课的内容了。甚至，副校长的面庞在我的记忆中也变得模糊。然而，我记得他含笑的眼眸，记得他深深地鞠了一躬，记得他说的那一番话……这些，都带着岁月的芳香向我呼啸而来，让我沉浸于一种神圣而美好的氛围中。在十二年的求学生涯中，那是唯一的一次老师向我深深鞠躬，他的头低了下去，可是我却看到了无比高贵的灵魂，看到了澄澈宽广的胸怀！那位副校长只教了我们一堂课，但我却觉得那是生命中最难忘的一课。

教育家夸美纽斯说："孩子求学的欲望是由教师激发出来的，假如他们是温和的、循循善诱的，不用粗鲁的办法使学生疏远他们，而用仁慈的感情与言语去吸引他们；假如他们和善地对待他们的学生，他们就容易得到学生的好感，学生就宁愿进学校，而不愿留在家里了。"可见，教师在孩子心田播下一颗"真善美"的种子，就会让他们今后的生活拥有诗意，"于飞尘间也有清风，于喧嚷中也有乐声，于荆棘丛中也有野花的芳香"。

"相信种子,相信时间,相信大自然,它们会告诉你教育的价值!"赵校长在"建华伴读100秒"中曾这样写道。是的,我相信岁月,相信种子,相信奇迹!

拔河，我们雨中再相逢

刘银梅

我们要创造机会，让孩子参与真实的听、说、读、写事件，真实地面对问题、解决问题。

——心理语言学家　古德曼

一

如何让学生把习作写生动？

"多彩的活动"，这篇习作看起来挺好写。我想，单是孩子们在校参加的活动就极为丰富：运动会、吉尼斯挑战、篮球比赛、斗蛋、拔河比赛……所以，口头交流时，孩子们个个如数家珍。可是，在他们的笔下，曾经的热血沸腾、惊心动魄，都似乎烟消云散。远去的记忆，终究是模糊的。体验，还是要在当下。要不，再来一次拔河比赛？

"同学们，还记得去年我们和（13）班的拔河比赛吗？"我开始赛前动员。

"记得！记得！"方言迫不及待地站起来，"那次，我们赢了！"

"是的，我们赢了！"孩子们一脸自豪。

"去年能赢，并不等于今年能赢。我们再跟他们比一比，好不好？"我趁热打铁。

"我们这次肯定还能赢！"孩子们充满信心。

"我也希望你们继续能赢，但这不是我们的最终目标。我们最终目标是——"

"为了写好作文!"没想到,他们一下子拆了我的招。

"好吧,算你们猜对了一半。"我对他们会心一笑,并继续鼓舞士气,"积极参与,你们今天一定会有别样的体验!"

想办法激发学生的参与意识,想办法让学生在乎自己的积极表现,想办法让师生对话平等同频,伴行课堂就将走成一首活泼的诗,就将走成一幅生动的画。

二

怎样才会让孩子们拥有别样的体验呢?就在孩子们严阵以待的时候,竟然下起了蒙蒙细雨。真是天助我也,雨中拔河,这样的体验多独特啊!

水珠,在发丝上跳跃;斗志,在雨幕中迸发。瞧,他们的眼神透着超乎儿童的坚定,每一次的拉扯都倾尽全力,每一次的呐喊都斗志昂扬,仿佛要拼尽全力将这片雨幕撕裂,让阳光透射进来。那一刻,孩子们的活力与自然的韵律交织在一起,构成了一幅最美的画面;那一刻,拍照的快门声与孩子们的呼喊声交织在一起,构成了一首激昂的交响乐。

"加油,雨中勇士们!"我一边高声呐喊,一边不停切换"机位"。蹲下身子,低角度仰拍,定格他们的英勇身姿;踮起脚尖,侧拍特写,定格汗水与雨水交融的瞬间;爬上看台,全景记录,定格雨中拔河的壮观场面。看到他们欢呼雀跃,我也欢呼雀跃;看到他们黯然神伤,我也黯然神伤。

当雨过天晴,当最后一滴雨水融入泥土,孩子们脸上的笑容比阳光还要灿烂。三局比赛,他们并没有全部拿下。输了一局,这又有什么关系呢?面对突如其来的风雨,没有选择当逃兵,这比什么都重要!

想办法为孩子们播下坚毅的种子,想办法让孩子们拥有乐观的心态,想办法让孩子们坦然接受失败,伴行课堂便诠释出人生的意义。

三

回到教室，我把精心挑选的照片编辑成视频，并配以鼓舞人心的音乐。

看到自己的风采在屏幕上绽放，孩子们的脸上洋溢着自豪和喜悦。一瞬间，教室充满了欢声笑语。他们兴奋地指着照片中的自己和同伴，回忆起雨中拔河的每一个精彩瞬间。

"看，这是我用力的样子！"子豪兴奋地指着照片中的自己，肌肉紧绷，面露坚毅。

"还有我，我在后面拉得很紧！"亦辰也不甘示弱，描述着自己如何竭尽全力地拉着绳子。

"那个滑倒的是我，但我立刻就站起来了！"沐晨笑着承认，她的勇敢和迅速反应赢得了大家的掌声。

…………

我静静地听着，心里满是感动："如果你们的文字也能像照相机一样，把精彩的画面定格下来，那就更棒了！"

孩子们心领神会，打开本子，笔尖飞舞。

"子涵犹如一头小牛犊，双手如铁锁般紧紧握住绳索，脚尖深陷泥泞，每一次发力都让地面微微颤抖。"

"雨彤身形虽小，却展现出灵动的身姿，如同风中的柳絮，灵活地调整着节奏，为队伍带来持续稳定的动力。"

"小杰的姿势近乎雕塑，身体后仰，双腿稳如磐石，每一次后蹬都像大地裂开，释放出惊人的力量。"

…………

多么形象的文字！我踱步在教室里，如同一个老农穿行在金色的麦田间。

"我刚放下绳子，手就开始抽搐，怎么都无法抬起来。"

"那绳子就像是绞肉机，把指尖的肉都搅和了，疼得我胀裂难忍。"

"那绷裂开的绳子证明,我们曾拼搏过;那湿透的衣服证明,我们曾努力过。"

……

多么真切的感受!窗外,天,蓝蓝的;树,静悄悄的;阳光,薄薄的,温柔又舒展,好像什么也没发生过。

俯下身子,向孩子们学习;并肩行走,与孩子们成为朋友。伴行课堂中,融洽的师生情谊将成为彼此生命中最温暖的回忆。

一场温暖的伴行之旅

祝燕飞

在教育的漫漫征程中,我们始终在探寻最具温度、最为有效的育人方式。"伴行",犹如一盏璀璨明灯,照亮我们前行的道路,让我们深刻领悟到课堂并非单向的灌输,而是一场温暖的陪伴之旅,是师生共同成长的美好征程。

临近期末的一个周四,一早天空就阴沉沉的,仿佛在酝酿一场惊喜。晨会课结束后,孩子们如一群灵动的小鸟,围在走廊上叽叽喳喳地议论着,那充满期待的眼神,如同闪烁的星星,照亮了这个有些沉闷的早晨。他们满心期盼着今年的第一场雪。

我早早来到教室,心中惦记着教学进度。然而,课上我激情满满,孩子们却显得蔫蔫的。直到调皮的小帅喊了一声:"下雪啦!"五十双眼睛齐刷刷看向窗外,教室顿时沸腾起来。我顺势提问:"此刻,你看到了怎样的情景?"孩子们的思维瞬间被点燃,他们的回答精彩纷呈。有的说:"感觉天空在撒白糖,看起来就好甜。"有的道:"现在雪还小,像在撒盐花,让我想起来前两天我们背的小古文中的'撒盐空中差可拟'。"随着雪越下越大,孩子们的描述也越发诗意盎然:"现在就是鹅毛大雪啊,瑞雪兆丰年,希望来年是个丰收年。""这不就是岑参笔下'忽如一夜春风来,千树万树梨花开'。""现在这情景用才女谢道韫口中的'未若柳絮因风起'再合适不过了。"那一刻,我看到了孩子们内心的诗意与灵动,也深深感受到了语文的魅力。"我们的才子、才女们,隔着玻璃赏雪哪里过瘾,走,我们去操场赏雪、玩雪去,务必注意不影响其他班级上课。"于是,我带着孩子们来到操场,让他们尽情地感受大自然的美好。伞全部搁到一边,孩子们一下子就开始撒欢儿了,在雪中追逐奔跑、欢呼跳跃。不一会儿,操场上来了更多的班级。"丁零零——"下课铃响了,我们三五成群,走向教室,一路欢声笑语。

那天是我们的无作业日,不少同学在心语本上写下了这节特别的语文课。可馨的文字让我深感自豪,她写道:"今天祝老师竟然没有布置我们写玩雪的作文,太震惊了。上过太多语文课了,今天的这节语文课让我刻骨铭心。将来长大了,我也想成为像祝老师这样的老师。"看到这样的文字,我明白了,我们的课堂就应该成为孩子们自由抒发情感、大胆表达、心之向往的地方。在这场赏雪之旅中,我陪伴着孩子们一起感受语文的魅力,共同创造了一个美好的回忆。

很快,可馨想成为一名语文老师的机会就来了。新学期开始,语文"课堂小先生"招募,我鼓励腼腆的可馨报名。她虽然有些担心,但在我的鼓励下欣然同意。于是,一个特别的备课组诞生了。这个备课组包括可馨、两位曾经讲过课的出色的"小先生"、可馨自己找来的两个伙伴和我。从那一刻起,一段充满挑战与成长的旅程拉开了帷幕。

课间、放学后,备课组的成员们便忙碌起来。他们一起读教参、查找资料,可馨认真地写教案,大家齐心协力帮忙完成PPT。为了确保讲课的质量,他们还进行了两次模拟上课。在这个过程中,我只是提点建议,赋予他们能量,给予他们帮助,激发他们的内驱力。更多的时候,我让他们在合作中互相学习、互相帮助,共同成长。我深知我不是高高在上的指导者,而是与他们一同前行的伙伴。我们共同探索知识的海洋,共同面对挑战,共同成长进步。

经过反复推敲和三次试讲,可馨终于站上了讲台。和每一次"小先生"讲课一样,我坐在可馨的位置上,成了一名学生。一开始,可馨紧张得说不出话来,脸涨得通红,手足无措。但在大家的掌声和我的鼓励下,她仿佛一下子恢复了记忆,找到了试讲时的状态。她的声音不急不缓,娓娓道来,不时与同学们进行提问互动。课堂

上，同学们专注听讲，比起我平时的课堂，举手回答问题的人更多，主动提问的人也更多。当有同学提出"为什么一定要攻破楼兰？楼兰这个国家还在吗？"的问题时，我不禁捏了一把汗。可馨镇定自若地回答："在《史记》中，司马迁将汉朝统治范围以外的西北的若干个国家称为西域，楼兰就是西域三十六国之一。楼兰位于丝绸之路的要道，朝廷历来对其十分看重。攻破楼兰就象征着收复失地，取得战争的胜利。"备课组的小杨也举手补充道："我在《世界未解之谜》中读到楼兰古国消失的原因，难以给出一个确切的定论。专家推测第一就是战争，第二是干旱，第三是罗布泊的迁移，第四是丝绸之路新通道的开辟，第五就是瘟疫，第六是生物入侵。"可馨连忙道谢，并鼓励大家去阅读相关书籍进行研究。教室里响起雷鸣般的掌声，在同学们的掌声中，我情不自禁地向可馨竖起大拇指。我看到可馨眼中已经泛起了泪花。

这堂特别的语文课，孩子们不再是被动的接受者，而是积极的参与者和创造者。他们通过自己的努力，探索知识，分享见解，共同成长。而我，作为他们的老师，也在这个过程中不断学习，不断进步。我看到了孩子们身上的无限潜力，也更加坚定了"伴行"的育人理念。

教育是一场温暖的陪伴之旅，"伴行"理念如同璀璨星辰，照亮我们在教育道路上前行的方向。在"伴行"的课堂中，我们与孩子们携手前行，共同探索知识的奥秘，共同书写成长的篇章。

听听"a"

陈 云

开学不久,我走进一位青年教师的课堂。刚刚出示课题"a、o、e",教室里就乱成一片,这个角落里念着"a、o、e",那个角落里读着"ā、á、ǎ、à、ō、ó、ǒ、ò、ē、é、ě、è"。有人背着"张大嘴巴a、a、a",有人得意地喊着:"我会,我会!早就学过啦!"……教室里各种声音交织在一起,孩子们无论是表情还是动作都在告诉老师:"这个内容太简单,我会了!"

这位老师却不急不躁,他没有拍着讲台让学生静下来,也没有反复地喊"一、二、三,安静",似乎刚才就是让学生自由朗读似的,他用最平静的声音说:"老师听到有错误的发音哦,你们听到了吗?"一句话,教室里的声音明显小了,好多同学已经竖起耳朵开始仔细听,都想找到别人的问题。教室里的声音越来越小,不一会儿,就安静下来了,大家都看向老师。那一刻,我想起了江苏省特级教师赵建华在伴行理念中提出的基本内涵之一就是"支持管理",即提供一种精神上的支持。热闹的课堂在某种意义上表明了孩子学习情绪的高涨,这位老师用巧妙的引领肯定了这种热情,并引导到倾听能力的培养上来。

"这个错误的读音到底是谁发出来的呢?'小火车'开起来,读一读'a',小朋友们仔细听哦!"这个时候,教室里静得连根针掉到地上的声音都能听到,大家都想找到是谁读错了。一列"火车"开过,小张同学提出王同学的声音太小了,张同学的发音有些发抖。两位同学重新读了一遍,王同学的声音高了,张同学的声音也稳定了,得到大家的认可。老师提议把"倾听之星"颁给小张，因为他认真倾听并给同学带来帮助，在老师的带领之下，大家热烈鼓掌，老师也隆重地给小张盖了一枚"倾听之星"章，同时面带微笑地看着大家，说："看看这一节课，还有多少同学能够获得'倾听之星'奖？"大家都用期待的眼神看着老师。倾听，让师生互动变得有序，课堂氛围变得融洽。

"a、o、e"，对于一年级大部分学生来说并不难，孩子们一会儿就完全掌握了"ā、á、ǎ、à"的读法。孩子们还有耐心反复听下去吗？这个时候老师提出："请大家听老师读，用手势告诉大家，你听到的是第几声。"每当老师发一个音，同学们就给出相应的手势。当然，大家的反应有快有慢，偶尔有个别人错了，就马上改正。老师也不急于发下一个音，等大家都完成手势后，再看大家，他们都睁大眼睛屏息凝视，做好一切应对准备。这个时候，听的训练仍然能牢牢抓住学生的注意力。

作为一名老教师，我清楚以上关于听的训练都有些机械，挑战性也不大，如果一直这样单调地听下去，孩子们一定也会失去兴趣，效果肯定会大打折扣。心流管理是"伴行"的另一内涵，在学习的推进过程中，教师不断激发正向心流，在教师积极的陪伴中，学生形成专注的倾听。这种积极陪伴，有时候会表现在教学方式的创新和改变上。正想着，这位老师就给大家带来了一个游戏：还是听。"下面请大家跟老师读，我高声读，你们就轻轻地读；我轻声读，你们就放声念。"这下子孩子们全部投入游戏当中，教室里的朗读声一会儿似乎要冲破云霄，一会儿又像在说悄悄话。孩子们眼里都闪着光，他们用心倾听着老师的发音，这种全情投入的状态真的很令人动容。

倾听是获取知识的重要渠道，是一种被动地接受信息的过程，听的速度不受听者控制，听的过程又不能重复，要在极短的时间内听懂并做出相应的反应，这些都给听的训练带来了特殊性。如何找到训练的突破点？那就要把倾听、表达、应对紧密结合。接下来，这位老师的做法真让人佩服。"谁还有不同的方法来记住'a'？"真是一石激起千层浪,大家都被问住了,谁都觉得"圆圆脸蛋扎小辫,张大嘴巴 a、a、a"就是标准答案,怎么还有不同的方法呢?思考片刻,孩子们就有了五花八门的答案。有人发现"a 像小蝌蚪,大大的身子拖着小小的尾巴",有人觉得"a 像放大的逗号",孩子们自己创编的儿歌也非常有意思。是的,汉语拼音对于一年级的学生来说并不是零基础。记忆"a"的儿歌,他们张口就来:"圆圆脸蛋扎小辫,张大嘴巴 a、a、a。"

基于这样的起点,如果仅仅满足于这句儿歌,显然是不够的。语言训练、思维训练在汉语拼音教学中同样要受到重视。这位老师让大家在倾听别人的基础上进行补充和修正,形成了新的儿歌,如"牙医看牙 a、a、a"。这些儿歌充满创新,孩子们也在创作儿歌的过程中成为学习的主人,收获了成功的喜悦。"伴行管理",就包括伴听、伴问、伴思、伴行,从伴学起步到伴问激发,以伴思提升伴行之果。这个环节中孩子们在被倾听中感受到别人的尊重,在倾听别人的过程中思考其答案的合理性和不足之处,从而深化自己的记忆和理解。

听一听,找一找"a"藏在哪些音节中,这个任务更具挑战性。"听老师说一句话,找一找你在哪些音节中找到了'a'。"这时候,孩子们一个个正襟危坐,竖起耳朵。"第一句话:'爸爸带我爬山坡。'"有孩子一下子就听明白了要求,听出来"爸"的音节中含有"à","爬"的音节中含有"á"。明白了要求之后,大家都跃跃欲试,期待倾听下面一句话。倾听和思考是相辅相成的,孩子们在倾听的过程中伴随着紧张的思考。没有倾听,就无法获取足够的信息来进行思考;而没有思考,孩子就无法对信息进行有效的加工和处理,从而进行有效的互动。

从听听"a"开始,检视我们的课堂,从现场开始,不断形成对话的可能,促使教学方式的改变。我和孩子,一起听智慧碰撞的丁零,一起听生命拔节的声音。

让课堂"玩"出精彩

郭维维

徒弟任教二年级,在互听随堂课活动中,她之前听的课都是第三学段的,我想上一节第一学段的课给她看看,于是备了"长方形与正方形的认识"这一课。准备上课的时候,发现他们班这个内容已经被其他老师试上过了。是换个班级,还是让孩子们再次体验一下?我当时有点纠结。数学不像语文,同一内容可以有不同的解读方式,这部分内容学生已经会了,怎样引导他们质疑,怎样组织他们探究呢?考虑到这是一个小范围的活动,我决定和孩子们再次认识长方形与正方形。

走进课堂,我照例先问:"孩子们,对于长方形和正方形,你们已经知道些什么?"孩子们纷纷举手,一个小姑娘一口气背书式地说:"长方形四个角都是直角,对边相等,正方形四条边相等……"对这样的回答我是有所预料的。接着我质疑:"这个小朋友一下子说出了这么多关于长方形、正方形的特征,她说得到底有没有道理呢?请大家拿出老师课前发下的长方形纸片研究研究,看看它的边和角到底是不是有这些特征!"

令我意外的状况出现了,孩子们拿着我课前为他们准备好的长方形纸片,不知道该干什么。我提示他们可以折一折、量一量,居然有的孩子像折纸飞机一样随意折起来了……

为什么刚学过的内容,孩子们却如此生疏?课后我与徒弟交流,询问之前那位老师上课时是否有组织学生折纸,得到肯定答案后,我陷入沉思。潘晓明校长的话语在我耳边回响:教师要关注教学效果,更要考量这种效果是长效还是短效。眼前这些孩子，对知识结论背得滚瓜烂熟，可对于知识的获取过程却一无所知。他们到底经历了什么样的学习过程呢？带着这些疑问，我课后随机询问了几个学生："你们上这节课的时候，老师有没有让你们折纸呀？"他们回答："有。"我接着问："那你们是怎么折的呢？"一个学生说："老师在前面折，我们在座位上跟着折。"第二个学生说："老师让我们仔细看，然后学着她折。"听到这些回答，我恍然大悟，原来问题出在这里。

有了这样一次难忘的经历，在之后的教学研讨活动中，我总是与青年教师们分享学具伴行在课堂中的重要性。我告诉他们，学具伴行是我们学校伴行课堂理念的关键部分，它能将抽象的数学概念具象化，点燃学生主动学习的热情，是小学数学课堂不可或缺的元素，但只有与深层次思考相结合的学具伴行才能将学生思维向更深处漫溯。青年教师们听后，纷纷在自己的课堂中尝试实践学具伴行。随着时间的推移，我们欣喜地看到老师们在践行学具伴行的过程中且行且思，慢慢成长着。

小朱老师执教"长方体、正方体的展开图"时，她先是展示了各种各样的正方体展开图，让学生判断哪些可以围成正方体。这对于学生来说是个挑战，因为从平面图形到立体图形的转换是比较抽象的。但小朱老师并没有急于提示，而是让学生自己去摸索。一开始，有些学生只能凭空想象，可过了一会儿，他们开始尝试新方法，用草稿纸照着展开图画一画，再沿着边撕下来，通过动手折一折，很快就得出了答案。在课后交流时，我点赞了这个环节。这个实践活动看似简单，但它是学生在遇到问题时主动寻求解决策略的过程，这种主动实践为后续进一步研究这类图形的共性特征积累了宝贵的经验。

二年级进行同课异构"长方形与正方形的认识"，教材安排了一个有趣的活动：推一推、拉一拉信封中的图形，并说说发现。两位青年教师不同的处理方式引发了大家的思考。

小张老师在教学时，只是简单地演示，拉动图形后问学生这是什么图形，然后总结道："这个图形真有趣，一会儿变成长方形，一会儿又变成正方形。"而小季老师则不同,他先慢慢地拉出一个长方形,让学生说出图形名称,并指出长和宽在哪里;接着拉动图形,让学生说出新图形的名称,并与之前的长方形进行比较,看看有什么变化;然后引导学生深入思考操作过程,探讨图形是如何变化的,在什么情况下会变成正方形。很明显,小季老师的教学方法更胜一筹。他不仅仅进行了操作演示,更重要的是在操作过程中巧妙地引导学生思考,让学生深刻地感受到了长方形和正方形之间的内在关系。这种教学效果比单纯地向学生强调"正方形是特殊的长方形"要好得多。老师们在交流时也谈到,数学教学中,如果实践仅仅停留在动手层面,而没有激发学生的深入思考,只能算是用了学具,并没有实现伴行的目标。

在刘老师的课堂上,也有一个精彩的片段。在研究长方形面积的计算方法时,有一个环节是让学生用若干个面积为1平方厘米的小正方形来摆一摆长方形,并说出长方形的面积。最开始,大部分学生采用的是最普通也最容易理解的方法,就是用边长1厘米的小正方形将长方形摆满,然后通过数一数或者算一算的方式得出长方形的面积。在学生掌握了这种方法后,刘老师巧妙地追问:"有没有更简便的摆法呢?"这个问题就像一颗石子投入平静的湖面,激起了学生思维的涟漪。学生们开始进一步思考,并再次动手尝试,最终发现了分别沿着长和宽各摆一排的方法。相较于第一种摆满的方法,这种摆法更具思维深度。这是学生在积累了一定的感性认识后,在实践过程中融入自己的思考,从而与长方形面积的计算公式产生了紧密的联系。

教育是一场漫长的修行,每一个教学场景都是我们修行路上的风景。意大利教育家蒙特梭利曾说:"我听过了就忘记了,我看过了就记住了,我做过了就理解了。"在我们的伴行课堂中,学具伴行就是那把打开理解之门的钥匙。我们将和学生一起,做中学,学中悟,让核心素养落地生根,开出绚烂的花。

珠随心动

杨晓林

珠心算课程是我们学校的特色课程之一,在与数学课程的整合教学实践中,我常常感叹于中国珠算文化的博大精深和旺盛生命力,其中很多的场景让我印象深刻,我也时常向同事说起……

"同学们,今天我们来探讨一个非常有趣的数学问题——鸡兔同笼。"我微笑着在黑板上写下"鸡兔同笼"四个大字,并出示了主题图。教室里顿时热闹起来,同学们纷纷低声交谈,对这个古老的数学问题充满了好奇。

"老师,鸡兔同笼问题很难呢!"一个学生皱着眉头说道。

"是呀,老师,怎么才能知道鸡和兔各有多少只呢?"另一个学生也迫不及待地问道。

我笑着鼓励大家:"别着急,我们一起来想想办法。大家先说说自己对这个问题的理解吧。"

同学们纷纷举手发言。

"鸡有两条腿,兔有四条腿。"

"问题里会告诉我们鸡和兔的总数以及腿的总数。"

"我们要根据这些条件算出鸡和兔分别有多少只。"

…………

这时,平时就很爱动脑筋的小明突然眼睛一亮,兴奋地说:"老师,我想到了一个办法,我爸爸曾经教过我,可以用算盘来解决鸡兔同笼问题!"

同学们都惊讶地看着小明,我也十分好奇:"哦?小明,你说说怎么用算盘来解决呢。"

小明站起来，自信满满地说："我们可以用一个上珠代表一个头，一个下珠代表一条腿。这样就能在算盘上表示鸡和兔了。"

同学们开始议论纷纷，有的觉得这个方法很新奇，有的则表示怀疑。我在心里默默想着，说不定这个方法真能带来不一样的教学效果。

我鼓励大家："小明的想法很有创意，我们一起来试试这个方法吧。大家先观察例图里的鸡和兔，看看能从它们身上提炼出哪些关键的数学元素。"

同学们认真地观察着图片，不一会儿，就有同学发现："腿的条数是鸡和兔身上最具辨识度的数学元素。"

"非常好！"我点头称赞，"那我们就按照小明的方法，用算珠来表示鸡和兔。大家在自己的算盘上尝试拨出3只动物，可以是鸡或兔。"

同学们纷纷动手尝试，教室里响起了"噼里啪啦"拨算盘的声音。过了一会儿，我在屏幕上展示了3只动物的4种拨法，问道："这4种拨法是随便排列的吗？大家观察一下，说说有什么规律。"

同学们仔细观察着屏幕上的拨法。小红举手说："我发现这4幅图表示鸡的只数逐一减少，兔的只数逐一增多。每少一只鸡，就多一只兔，腿的总数也会发生变化。"

"说得很对！"我肯定道，"那大家想想，一只鸡换成一只兔会发生什么变化呢？"同学们陷入了思考，这时小刚举手说："一只鸡换成一只兔会多出2条腿，反之会少2条腿。这个'2条'就是一只兔比一只鸡多的2条腿。"

"非常棒！"我赞扬道，"现在大家对用算盘表示鸡兔同笼问题有了初步的认识。接下来，我们来解决一个具体的问题。头有5个，腿有14条，鸡、兔各有几只？大家在算盘上拨一拨，尝试解决这个问题。"

同学们立刻行动起来，有的把小动物全部想成鸡，有的把小动物全部想成兔，还有的既想成鸡又想成兔。大家尝试了各种方法，教室里充满了热烈的讨论声。

"老师，我把小动物全部想成鸡，发现腿的总数少了。"小丽说道。

"那怎么办呢？"我追问道。

"要调整。"小丽回答道，"但是我不知道怎么调整。"

同学们继续交流着自己的想法，小明说："因为我们假设的情况和实际的腿的总数不一样，所以要调整。可以根据一只鸡换成一只兔会多出2条腿这个规律来调整。"

"说得很好！"我鼓励道，"那大家继续调整，看看能不能找到正确的答案。"

在同学们的努力下，大部分同学都找到了正确的答案。但也有一些同学在思考时会"顾'头'不顾'腿'"，或者"顾'腿'不顾'头'"，两个条件没能同时满足。我心想，孩子们在解决问题的过程中还需要更加全面地考虑问题。

我提醒大家："我们可以通过检验来看看自己的答案是否正确。对照条件，看看是不是5个头，是不是14条腿。"

经过检验和继续调整，所有同学都找到了正确的答案。

"同学们，通过这次用算盘解决鸡兔同笼问题，你们有什么收获呢？"我问道。

同学们纷纷发言。

"我学会了用算盘来表示鸡和兔。"

"我知道了可以通过调整来找到正确的答案。"

"我明白了要检验自己的答案。"

…………

看着孩子们积极踊跃的样子，我深感欣慰，算盘这个古老的计算工具，作为学具加入课堂后，学生的思维活跃度被完全激发了，不仅获得了解决问题的愉快体验，还积累了"尝试—调整—检验"的解决问题的策略。这比找到正确的答案更有价值。

这时，小王突然问道："老师，生活中一般不会把鸡和兔关在一个笼子里，我们为什么还要研究'鸡兔同笼'问题呢？"

这个问题引起了同学们的深思。我微笑着说："这个问题问得非常好。其实，'鸡兔同笼'问题是一个模型。大家想想，生活中有没有类似的情况呢？"

同学们开始思考，不一会儿，就有同学举手说："停车场里两轮车、三轮车、四轮车，就和鸡兔同笼问题很像。"

"还有公园的湖里双人船和四人船。"另一个同学也说道。

"小卖部冰柜里2元雪糕和4元雪糕也可以用鸡兔同笼的方法来解决。"

....

我高兴地说："同学们说得非常对。这些生活中的场景和画面我们更加熟悉，能让我们初步感受到数学不仅好玩，还很有用。那大家想想，'6辆车和20个轮子'，'7条船和22个人'分别相当于鸡和兔的什么呢？"

同学们开始讨论起来，通过具体事例中相关信息的勾连，大家初步理解了这些不同情境的问题中都有着相同的内核，类推迁移这种模型有助于我们深度理解知识本质，促进知识内化，提升解决问题的能力。

在同学们对鸡兔同笼问题有了更深入的理解后，我又提出了一个问题："如果鸡兔共有35个头，算盘长度显然不够，拨不下了，该怎么办呢？"

同学们又陷入了思考，不一会儿，就有同学提出："可以把算盘拼起来。"

"这个方法不错！"我赞扬道，"那如果把鸡和兔换成乌龟和螃蟹，下档的珠子不够多，又该怎么办呢？"

同学们纷纷开动脑筋，想出了各种方法，有的说可以用画图的方法，有的说可以用列表的方法。

我接着介绍道："其实算盘的妙用远不止这一个，在数的进制转换、求最大公约数、人民币的币值、正负数的运算等问题上都有妙用，还有许多算盘小游戏等着我们去体验呢！想和老师继续探索吗？"

"想！"孩子们的声音震耳欲聋，此刻课堂气氛达到了高潮。

在这节充满创意和思考的数学课上，同学们不仅学会了用算盘作为学具，解决了鸡兔同笼问题，还体会到了学具伴行的精髓在于创造性地使用学具，挖掘学具使用中的无限可能。新学具的加入，激发了学生思维的深度和广度，提高了同学们之间互助合作、积极思考和大胆表达的欲望，让我看到了他们的创造力和潜力。而我与同学们之间的平等交流，也让这节课充满了活力。

问,故知新

陈红燕

组内教研课结束后,大家坐在一起研讨。只听年轻的小丁老师抱怨道:"今天那几个孩子的回答完全没有达到我的预期!"旁边的几位老师也随声附和:"是呀,现在的孩子越来越不会思考了。"这时,一旁的秦老师说:"你们都是从孩子角度在分析课堂,有没有想过可能是我们自己的原因呢?到底是孩子答得不够好?还是我们的问题设计得不够妙?"秦老师的一串问题让我们都陷入了沉思……

的确,"问题"是我们数学课堂教学的主线。如何以问题导向的方式推进课堂?在课堂中设计出学生愿意答、抢着答的问题,同时还要通过这些问题之间的关系巧妙地将它们串成问题链,指向学生的深度思维,让问题真正伴在课堂,行在心尖!我想,这才是数学课堂该呈现的模样。

你瞧,在"圆的认识"这节课中,我创设了一个套圈游戏的情境,并提出问题:整个小组的学生参与套圈活动,如何站位比较公平?学生在独立思考之后交流这个问题,达成了"要围成一个圆"的共识。抛出一个现实生活问题,让孩子们有话可说、有理可依,也让新知"圆"的引入水到渠成。

接着引导孩子们进入下一个环节:"很好,我们已经知道了为什么要站成圆形。那么,现在请你们仔细观察这个圆,想一想,它有哪些特征呢?"孩子们开始仔细观察,有的用手比画着圆的轮廓,有的则低头思考。不一会儿,小轩举手说:"我发现圆是封闭的,没有开口。"小逸也补充道:"而且,圆上的每一个点到中心的距离都是一

样的。"此时我没有急于带着他们归纳圆的基本特征,而是继续追问:"大家经过观察已经发现了圆的一些基本特征。那么,利用这些特征,你们觉得应该怎样画出一个圆呢?"这个问题再次激发了孩子们的好奇心。他们开始纷纷尝试,有的用绳子和铅笔,有的用圆规,甚至还有的徒脚画圆。看着孩子们热火朝天地探索,我想这就是充满智慧与乐趣的数学课堂,真正发挥问题导向,沿着问题主线一路突破新知。

整节课,我引导学生从这样几个问题去展开学习:(1)为什么要站成圆形?(2)你发现圆有什么特征?(3)利用圆的特征,你觉得应该怎样画出一个圆?(4)比较几种画圆的方式,你发现其共性是什么?有了问题,学生的学习就有所聚焦,我们的课堂也有所指向。一连串的追问,推进学生不断探索新知本质,让学生的思维、认知等呈现出连贯性、层次性,也让课堂充满生命的活力。

就这样,我的课堂变得愈加有趣味、有深度。课堂中的每一个问题都像是一把钥匙,打开了孩子们智慧的大门;每一次探索都像是一场冒险,让孩子们在知识的海洋中尽情遨游。在问题的伴行下,孩子们学会了主动思考、积极探索、勇于创新。他们不再是被动地接受知识,而是成为学习的主人。

现在的课堂呈现出这样的画面:在"认识倒数"的教学中,课程伊始,我直截了当地出示了课题——"认识倒数",并向孩子们抛出了一个开放性的问题:"看到这个课题,你们想到今天可能要学习哪些内容呢?"这一问,在孩子们心中投下了一颗思考的种子,瞬间激发了他们探索未知的热情。有的问:"什么是倒数?"这是最直接也最核心的问题。有的问:"倒数是不是数?它与我们之前学过的整数、小数、分数有什么不同?"这显示出他们对概念边界的好奇。还有的问:"怎样求一个数的倒数?""学习倒数有什么用?"在学生提问的过程中,我细心地记录下每一个问题。随后,我接着追问:"提出这么多问题,我们应该沿着怎样的顺序来展开学习呢?"学生纷纷表示要先了解什么是倒数,再探究倒数的特征,最后确定如何求一个数的倒数。这样的学习路径，是他们自己构建的，充满了主动性和探索性。接下来的环节，我组织学生通过自学和集体交流来展开学习。在这个过程中，我看到了学生们专注的眼神、热烈的讨论和积极的尝试。他们不仅很好地完成了学习任务，更在自学和合作中锻炼了思维能力和团队协作能力。

你看，从最初我精心设计每一个问题，根据新知的内在关系，巧妙地形成问题阶梯，到如今孩子们从新知中提炼关键信息，自主设计问题、分析问题，积极地在数学中探索未知，真正实现了从"过程引导"到"思维引领"的过渡。这不仅仅是他们思维能力的飞跃，更是他们探究能力与学习能力共同成长的见证。

我想，正是这一个个充满挑战与启迪的问题，如同魔法钥匙，解锁了孩子们内心深处对知识的渴望，激发了他们不断求知、勇于探索的热情。它们不仅是知识的载体，更是孩子们拔节生长、向上攀登的坚实阶梯，赋予了他们突破自我、超越极限的力量。

就这样，在探索新知的旅途中，在问题的赋能下，我与孩子们一路相伴，聆听着他们成长的声音，跟随着他们成长的足迹……

我的讲台，你的天地

施冬霞

课堂上要在乎孩子们的这种"在乎"，留存属于这一个孩子的"独家记忆"。

——"建华伴读 100 秒"

场景一　看你闪亮

"同学们，今天我们学习——"话音未落，小陈便迫不及待地脱口而出："老师，今天的数学小讲堂还没开课呢！"望着他那满含期待的眼神，我急忙改口："下面有请今天的数学小讲师——小陈老师。"刹那间，掌声雷动，整个教室仿佛被点燃了一般，热烈的气氛瞬间弥漫开来。同学们的眼神中闪烁着兴奋与期待，他们纷纷挺直了腰板，目光紧紧聚焦在讲台之上。在众人热切期待的目光中，小陈老师自信而愉悦地走上了讲台……

"今天我带来的题目是：用一只平底锅烙饼，每次能同时放两张饼。如果烙 1 块饼需要 2 分钟（正反面各 1 分钟），那么烙 8 张饼至少需要几分钟？9 张饼呢？同学们看，这是我做的模拟饼，红色代表 1 号饼，黄色代表 2 号饼，绿色代表 3 号饼……"小陈滔滔不绝地讲着。

"小陈老师，烙饼为什么 1 分钟后要把 2 号饼拿出来，煎 3 号饼？为什么不直接煎呢？""小陈老师，我觉得你最后还可以总结一个规律，分单数饼和双数饼。""小陈老师，我觉得你讲的这一题太有趣了。""小陈老师，你为了让我们听懂，还特地做了道具，我也要向你学习。"……台下的小朋友们一个个争先恐后地举手,他们的眼睛里闪烁着求知的光芒,教室里充满了热烈的讨论声。这种提问互动环节,既是台下小朋友思维的激情碰撞,也是对台上小老师的严峻考验。此刻,我悄然坐在了小陈的座位上,尽情享受着孩子们带给我的思维碰撞的盛宴,时而高高举起我的手,向小陈老师提问请教。整个教室沉浸在一种积极活跃、充满探索欲望的氛围之中。

集团伴行课堂理念的提出,给予了我变革课堂的勇气。我常常思索,伴行课堂,应是一次温暖相伴的旅程。教师不再高高在上,而是化身为学生的倾听者、同行者,"我的讲台你来讲"。这种教学模式符合现代教育理念中以学生为中心的思想,能够充分激发学生的学习积极性和主动性,培养他们的自主学习能力和创新思维。

场景二　待你花开

班上的小雯同学平日里上课极不专注,答题也不积极。然而,令我意想不到的是,有一天她竟然来找我,说道:"老师能给我一个机会吗?我也想像他们一样,为大家讲解思维题。"我先是一愣,随即转念一想,这或许是一个难得的契机。于是,我说道:"当然可以呀,不过我要看你的课堂表现,如果表现好,下周你的机会就来了。"果然,在这之后的几天里,小雯一改往日的懒散作风,表现得格外积极。于是,我信守了承诺。

如约,她带着她的数学思维题来到了课堂。教室里原本有些沉闷的气氛,在她走上来的那一刻,似乎有了一丝变化。同学们的目光好奇地投向她,有的眼神中还带着些许期待。"水果公司运来苹果75箱,香蕉比苹果多15箱,香蕉比橘子少20箱,运来水果一共多少箱?"她开始一步一步地画线段图,她的动作略显紧张,但眼神中却透露出坚定。随着她的分析列式,教室里的气氛逐渐变得活跃起来,同学们开始认真倾听,有的还微微点头,表示理解。我第一次看到了她严谨的答题风格。我忍不住现场采访了一下她,问她是如何准备的。她告诉大家,这个周末,她在家模拟讲课好多遍呢。瞬间,掌声响起,热烈的掌声打破了教室里的平静,同学们的表情流露出对她努力的认可和赞美。整个教室沉浸在一种温馨、鼓励的氛围之中。

正如赵建华校长在"建华伴读 100 秒"中说的,也许,这样的一次"出场",会成为这个孩子转变的关键实践。是的,每个学生都是独一无二的,他们有着不同的数学学习方式、兴趣爱好和潜力。教师的鼓励与支持恰似春风拂面,让学生们感受到数学学习的乐趣和成就感。在这样的氛围中,学生们更加勇敢地面对数学挑战,不断超越自我,在属于自己的讲台上绽放出迷人的魅力。伴行课堂就是在班级营造了一个积极向上的学习氛围,注重并培养了每一个孩子的数学素养和综合能力发展。

场景三 听你诉说

在孩子的心语本中,我读到了这样一段话:"在数学的奇妙世界里,我有幸成了课堂小讲师。这是一段充满挑战与收获的旅程。当我站在讲台上,面对同学们期待的目光时,心中既紧张又兴奋。紧张的是担心自己讲得不够好,兴奋的是有机会分享自己对数学知识的理解。我精心准备内容,挑选有趣又有思维的题目,努力以最清晰的方式呈现给大家。看着同学们专注的神情,听着他们积极的回应,一种成就感油然而生。数学课堂小讲师的经历,不仅巩固了我的数学知识,还提升了我的表达能力和逻辑思维能力,让我更加热爱数学。我还明白了,知识的传递是一种力量,我们每个人都可以成为知识的传播者。我期待着下一次站在讲台上。"对于每个孩子来说,这样的课堂经历是独一无二的财富,是学习生涯中美好的回忆。

伴行课堂,是一场温暖的旅行。在孩子五彩斑斓的童年世界里,有一个这样奇妙的舞台正等待着他。这里的每一个孩子都展现出了最好的自己。

亲爱的孩子,我的讲台,成为你们的舞台,期待你们妙语连连,智慧闪烁。而我,只需静待花开……

麦田里的课堂

郁丽艳

阳光温柔地洒落在金黄的麦田上，麦穗在微风中轻轻摇曳，仿佛在低语，讲述着大地的秘密与丰收的喜悦。我站在这片充满希望的田野上，心中涌动着对教育最真挚的热爱，期待着用知识的种子，在这片土地上播撒下希望的种子。

那天，阳光明媚，微风不躁，正是数学课的最佳时刻。课堂上，孩子们遇到了一个既熟悉又陌生的题目："在括号里填上合适的单位：1平方米麦田大约能收获小麦0.3（　　）。"小明第一个举手，自信满满地说："老师，是'吨'！"小丽也跟着附和："对，肯定是'吨'！"看着孩子们纷纷给出"吨"这个答案，我微微一愣。这些孩子或许知道"1吨＝1000千克"，但他们显然没有真正理解这个单位所代表的重量，更没有意识到粮食的珍贵。

我微笑着摇了摇头，没有立即纠正他们的错误，而是决定带他们走进麦田，亲身体验一番。"孩子们，今天老师想带你们去感受一下真正的麦田，看看1平方米的麦田里到底能收获多少小麦。"孩子们一听，立刻兴奋起来，欢呼声此起彼伏。

我们沿着田埂，走进了那片金黄的麦穗海洋。孩子们兴奋地奔跑着，欢呼着，仿佛置身于一个全新的世界。他们抚摸着麦穗，感受着大自然的馈赠，眼中闪烁着好奇与惊喜。

"孩子们，你们看，这就是麦穗。"我指着手中的麦穗，耐心地解释道，"每一根麦穗都承载着农民伯伯的辛勤劳动，它们虽然看起来轻飘飘的，但汇聚在一起，就能成为我们餐桌上的美食。"我提议:"我们来做一个实验吧。大家一起围出 1 平方分米的麦田,然后剪下这片麦田中的麦穗,再仔细地数出里面有多少根麦穗。"

孩子们一听,立刻来了精神,纷纷围了过来,小心翼翼地围出了 1 平方分米的麦田。然后,他们开始认真地剪下麦穗,一根一根地数着。"1 根、2 根、3 根……"孩子们兴奋地数着,他们的脸上写满了专注与好奇。数完这些麦穗后,我们又一起称出了这些麦穗的总重量。

"不会吧,居然这么轻!"当孩子们看到电子秤上显示的"3 克"时,他们惊讶地张大了嘴巴。"老师,原来麦穗这么轻啊!"小红感叹道。"是啊,我刚才数麦穗的时候,就觉得它们好轻好轻!"小明也附和道。

我趁机引导道:"孩子们,你们知道吗?农民伯伯需要耕种多少土地,才能收获足够的粮食来养活我们每一个人吗?每一粒粮食都来之不易,我们应该珍惜粮食,不浪费一粒米、一根面。"孩子们听后,纷纷点头表示赞同。他们开始意识到粮食的珍贵和农民伯伯的辛苦。

回到教室后,我再次提起了课堂上的那个问题:"现在你们对'吨'这个重量单位有新认识了吗?"孩子们纷纷点头,他们的眼神中闪烁着兴奋和自豪。小丽举手说道:"老师,我现在明白了,1 平方米只能收获 0.3 千克麦穗。我还知道了 1 吨小麦需要很多很多麦穗,需要农民伯伯付出巨大的努力才能收获。而且,我还知道了粮食的珍贵,以后我再也不会浪费粮食了。"

"非常好!"我微笑着表扬她,"而且,你们还在实践中学会了观察和思考,这正是学习最重要的部分。无论学习什么知识,都要用心去感受,用实践去验证,这样才能真正理解和掌握。"说到这里,我话锋一转:"孩子们,你们知道吗?农民伯伯不仅种植粮食,还在用他们的辛勤劳动为我们树立榜样。他们教会我们,无论梦想有多么遥远,只要我们脚踏实地,一步步努力,就一定能够实现。就像这些麦穗一样,虽然每一根都很轻,但汇聚在一起,就能做出大的贡献。"

孩子们听得很认真，他们的脸上洋溢着对未来的期待和憧憬。我知道，他们已经明白了我的话，也准备好迎接更多的挑战和机遇。

这一次的伴行课堂，我带着孩子们走出教室、走进麦田，在我的教育旅程中留下了深刻的印记和启示：伴行课堂不仅仅是一个名词，它更是一种情感的寄托。在这样的课堂上，我与孩子们同行，在麦穗间穿梭，在实践中解惑。我陪伴在孩子们身旁，一起编织着属于我们的成长篇章。

在后续的教学中，伴行课堂已经成了概念教学的主阵地。在学习"千克"与"克"时，我们走进了果香四溢的水果店。孩子们像探索新世界的冒险家，兴奋地用双手捧起水果，在感受不同水果组合成"千克"的那份重量时，他们眼中闪烁着光芒，也体会到了零食包装上"克"数的轻盈。他们那惊讶又欣喜的表情，至今仍历历在目，仿佛在那一刻，他们与这些重量单位成了亲密无间的朋友。长度单位"米"和"厘米"的学习则在操场展开。操场成了充满欢乐的大课堂，孩子们在跑道上奔跑着，用脚步丈量那长长的跑道，他们在奔跑中深刻理解了"米"的长度。站在篮球架下，他们抬头仰望，目光中满是对"米"所代表高度的领悟。蹲下身子，他们拿着尺子认真测量地上的小石子，"厘米"在他们的手中变得清晰可感。每一个动作，每一次测量，都像是在书写与长度单位的故事。面积单位"平方米"和"平方分米"的学习同样精彩。校园里的花坛、东篱园都成了我们的实践乐园。孩子们拿着测量工具，兴致勃勃地划分、计算。他们在花坛里感受"平方米"的广阔，在小菜地中领略"平方分米"的精巧，就像在解读大自然赋予我们的神秘数学语言。

伴行课堂，像在孩子们心中种下了智慧的种子，让数学知识从书本里走出来，在生活的舞台上大放异彩。它点燃了孩子们对数学学习的热情之火，培养了他们敏锐的观察力、深邃的思考力和出色的解决问题能力。它还如同丝线般与其他学科交织融合，编织出一幅五彩斑斓的教育画卷，全方位滋养着孩子们的素养之花。

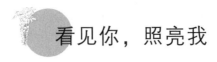# 看见你，照亮我

郁菊香

教育不是灌输，而是点燃火焰。

——苏格拉底

9月的最后一天，孩子们期盼已久。这是我们约定将一个月来积攒的"优秀表现"兑换奖品的一天。早在上周，就有小组长陆续给我递来小纸条，上面已统计好组内成员的得星数，迫切之情不言而喻。

下午开完六年级工作会议已近延时课，我提着装满奖品的袋子赶到教室。孩子们意欲站起鼓掌欢呼，又惦记着我要求的"安静"，很多孩子吸一口气，重新坐好。我先请孩子们把自己得星的各类作业轻轻拿出，用3分钟时间请同桌翻阅核对，统计好得星数，我分批将奖品发放到他们桌上。第二个拿到奖品的小唯突然举手："Miss Yu，我一激动忘了说'Thank you'了。我现在补上：'Thank you！'"边说还边弯腰鞠了个躬。全班同学都笑了，后面每个孩子在我送上奖品说完"Here you are"之后，都没再忘记回应一声响亮的"Thank you"。三批奖品发完，班上没拿到的大约还有三分之一，这里面有些孩子的脸上已流露出失落。

"同学们，刚才我们兑换的是作业方面的奖励，优秀的作业是小朋友认真的学习态度的体现。当然，作业的表现肯定不是老师评价大家的全部项目。现在就请大家说一说，我们还可以从哪些方面进行评价呢？"

"我们可以评选倾听之星。"

"还可以评选纪律之星。"

"还有发言之星、朗读之星、表演之星、思考之星、进步之星!"孩子们一个接一个地补充。

"是啊,我们还可以从这么多的角度去评选。太好了,郁老师剩下的这么多奖品也能发掉啦!"孩子们都笑了出来,原本失落的小脸蛋重又仰起。"现在就请大家来推荐推荐你心中的人选吧。"

"郁老师,我推荐我的同桌小轩,他上学期在课上很少举手,现在每堂课他都能积极举手,而且他的字也写得越来越好,我都比不过了。"伶牙俐齿的小冉第一个说道。

"郁老师,我推荐小逸,他课堂上特别专注,发言声音也特别响亮。"第一个拿到奖品的小文指向坐在第一排的小逸。其他孩子也点头附和,表示同意。

"郁老师,我推荐我的同桌小悦。"一向少言寡语的小云站起来指向她的同桌,"她以前经常不完成作业,现在不仅能默对一些单词,上课还举手回答问题了呢。"教室里响起同学们自发的掌声。小云也带着一丝骄傲的神情坐了下去。眼角眉梢间丝毫看不出,之前的她是那么"嫌弃"她这个同桌。小悦的脸上也浮现出甜甜的笑容。这个孩子先天学习能力不足,课上没办法专注听课,课后的作业做不做全随心情,做了也是错误一片。上学期某天终于有像样的作业交给我面批,我欣慰的同时,随口来了句:"可以写得更认真哦。"她面露不悦:"这可是我写得最好看的字了。"我哑然,心想:可不是吗?为师就不能宽容一点吗?接下来,抄写作业她但凡提交,我都会打一个大大的勾,给予等第也没再吝啬;默写她基本默不出,我就请她翻书抄下来。这个学期,她能按时交作业了,默写也能对几个了,对此,我从不吝啬鼓励。有次发单元练习,经过她身边,听见她叹了口气说:"唉,又没合格。"我心想有戏,便接话:"我们再一起加油啊,说不定下次就合格了。"她听了点点头。前些日子,我在做课前准备时,她跑来我身边："郁老师，我觉得我懂一些英语了。""我也觉得呢，课上越认真，懂得就越多哦。""嗯。"她答应着，跑回自己的座位。后来有次课上，她主动举手回答问题，我惊喜地请了她回答，之后她会时不时给我惊喜。本周二的公开课上，她也竟然举手了！虽然是个简单的问题，答案就一个单词，但她声音响亮，发音标准。全班同学为之一振。应该也是这次的勇敢发言，让她"挑剔的"同桌对她刮目相看了吧。

"左左，你想推荐谁？"坐在最后的男孩涨红着脸，手举起又放下，举起又放下，我心里明白了大半，便主动问他。"我，我，我想推荐我自己为进步之星。"结结巴巴吐完这句话，他赶紧坐下，身子趴到了桌上。他和妹妹右右是一对龙凤胎，都很聪明，但学习习惯不好：作业正确率低，课上爱讲话，小动作也不少。他们的妈妈是全职主妇，用她自己的话说是个"社恐"。两周前，我在放学时约他们的妈妈校门口聊，十来分钟时间几乎都是我在说，她给予的回应还不到三句话，脸上也看不出表情。因为唱了这出"独角戏"，当晚我有些沮丧。没想到两个孩子第二天课上便有了变化。兄妹俩课上有时会下意识地看看对方，然后调整自己的坐姿，一个人举手回答了问题，另一个人也会紧接着跟上。作业的质量也都有了明显的提高。左左估计是见了妹妹在作业评比的第三轮拿到了奖品，自己也不甘心吧。"自己推荐自己需要很大的勇气，我们左左勇敢地迈出了这一步。我们把掌声送给他！现在我请同学们说一说，你们同意吗？""同意！""同意！"郑重的附和声响成一片。"好，现在郁老师为他送上奖品！"不一会儿，左左的同桌小恬惊呼："左左哭了！"全班向他扭过头去，投去关切的目光。小恬继续为他发声："左左说他这是感动的泪水。"大家若有所思，接着："郁老师，我也想推荐我自己。""我也想推荐我自己。"这此起彼伏的声音已没了左左说时的羞涩……

最后，我宣布："大家公开课上的良好表现，为班级赢得了荣誉，每人都能得到一份小奖品。"原本没拿到奖品的孩子也雀跃起来……

伴行课堂，与孩子们身体同在场，与孩子们心流共节拍。我们看见他们，聆听他们，渐渐地他们的眼里也便有了他人。他们会用发亮的眼睛打量周遭世界，用至纯至善的心灵贴近伙伴，用一片思想的涟漪激荡起另一片思想的涟漪，直至绿树成行花满池。

成长，因为有你

高 颖

时光易逝，岁月如梭，细细数来，今年是我走上工作岗位的第五年。2023年6月，我送走了我人生中第一批毕业生，自己也顺利毕业，回忆和孩子们一起学习和成长的这三年，有山重水复疑无路的困境，但更多的是柳暗花明又一村的惊喜。

一、用爱教育，陪伴成长

每个孩子来自不同的家庭，有着不同的个性特征及生活环境，因此，在日常教学中，我喜欢给孩子们创造一个轻松愉快的学习环境。例如，在讲解新知或评讲练习的时候，我喜欢先稍加点拨，然后让小组讨论解决，由小组里英语学得好的同学负责，进行帮教活动。你别小看了这些"小老师"，他们往往特别尽职尽责，把老师的信任看成是一种荣耀，耐心细致地帮助其他同学。

有一次，课间休息时，我偶然间听到班上一个孩子兴冲冲地跑向另一个孩子："师父，你能教一下我这个题目吗？""好啊，你来，让为师给你讲讲！"只见他们坐下，有模有样地开始了属于他们的沉浸式讲解。后来经过了解，我才知道，原来好多学生私底下都互相称作师徒呢。

此外，对于背诵，我也会充分发挥小组长的作用，每节课的前五分钟由小组长统一检查课文或者单词，小组长检查完毕，我再在班里进行听写，大多数学生经过两次检查，所学知识得到了深化和巩固，记忆也比较深刻。

二、特别的爱给"特别"的你

每个班都会有一些英语学习比较吃力的学生，对于这些学生我会特别关注，利用课间找他们谈谈话，了解他们英语落后的原因，告诉他们英语学习的重要性，同时向他们介绍一些英语学习的方法。对个别自制力较差的学生，我派给专人负责，每天检查他们所学知识，并与家长逐一沟通。

同时，我也让学生知道，英语学习不仅是一个坚持不懈的过程，还是一个不断积累的过程，我每个周末都会布置一项固定的作业，就是让学生自己回家整理这一周里所学的知识点。在这方面，我会把做得特别好的学生的整理本放在班级传阅，让大家都跟着学习。榜样的作用是巨大的，在他们的带动下，好多英语学习有困难的学生也跃跃欲试，久而久之，大多数学生都能主动学习英语。

此外，我最喜欢做的一件事就是每次做完练习之后陪着学生一起写反思，这是我和学生沟通交流的一个良好的渠道，大多数学生也会和家长一起分析，认真地反省前一阶段的学习，及时地修正以前的不足，针对学生的反思我会逐一进行批注，对他们提出的问题我会当面指导，写得好的我会当众念给大家听，让其他学生吸取人家的宝贵经验来指导自己以后的学习，取长补短。而我自己也会根据孩子们提出的问题进行自我反思，以便改进自己的教学。

这不，上周的练习课我就换了种评讲方式：先让同学们读自己的反思，再随机请几位同学来进行错题讲解，最后我再统一提醒，整节课上下来，我惊喜地发现很多孩子注意力更集中了，有的甚至开始给自己暗暗定下了小目标呢。

三、与爱同行，一起成长

做班主任后，每天晚上放学前，我都会在黑板上留下一两句"心灵鸡汤"：

"觉得为时已晚的时候恰恰是最早的时候！早安！"

"努力不是给世界看的,而是为了去看世界的!早安!"

……………

第二天,从晨读开始,它们就成为陪伴我和孩子们开启新的一天的精神力量。每日寄语从老师寄语到学生寄语,让孩子们于细微之处去体会,去感悟。记得有一天早晨,我照常走进教室,发现小宇同学一个人坐在那,边看书边记录着什么,走近一看,他的小本子上认认真真抄了很多名言警句,只见他兴冲冲地朝我一笑:"明天我也要上黑板给大家写'鸡汤'啦!"

2023年,我面临着论文答辩和小学毕业考试两件重要的事情。既是学生,又是老师,我不停地在学习与工作之间切换着,有疲惫,有压力,但也有动力。

有一天午休,我和孩子们一起午读,有个孩子走上前来问问题,看到我放在桌角的一叠厚厚的论文好奇地问:"老师你也要写作业吗?"我笑着回答:"是呀,老师只有不断学习才能源源不断地给你们传授知识呀。"看着我熬红的眼睛,她若有所悟,伸出双手,给了我一个大大的拥抱:"老师,我们一起加油!"

那一刻,一股暖流涌上了我的心头,眼中不由得泪光闪动。我坚持自己的学习,不断鼓励孩子们共同进步,每当回忆起与孩子们一同成长的时光,我的心中就激情澎湃、幸福满满,这也更加坚定了我继续前行的信心。

在学习英语的过程中,我与学生一路相伴,给予他们拔节生长、向上攀登的力量。伴行,教师示范,榜样示范,传递"我学给你看"的勇气;伴行,师生研学,小组合作,赋予"我做给你看"的自信;伴行,教师指导,同伴互助,诠释"我们一起往前走"的坚持。就这样,我看到了学生成长的足迹,也听到了自我成长的声音。

赵建华校长也曾在"建华伴读100秒"里分享:陪伴孩子要"用心养""慢慢来",用"牵着蜗牛去散步"的心态,给孩子锻炼的机会,给他们技巧的指导,给他们欣赏的眼光,给他们宽容的力量,细心观察他们的举动,用心聆听他们的心声,耐心等待他们的成长，悉心呵护他们的自信，暖心回应他们的创意。作为陪伴孩子成长的"重要他人"，我深感我们应当通过各种渠道，更好地了解孩子，尊重他们，时刻支持他们，让每个孩子处在一个充满爱的环境中，充分感受集体的温暖和彼此的关爱，在爱的空间里感知世界的欢乐和美丽，健康茁壮地成长。

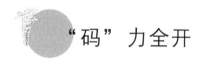

"码"力全开

徐 达

五年前,我第一次走进实小集团星湖校区的创客教室,面对着一群稚气未脱、眼神充满好奇的孩子。这群孩子中,有些完全不了解编程,有些甚至连机器人是什么都不太清楚。而在我心里,这间教室不仅仅是一个授课的场所,更是我们在接下来五年里一同探索、成长和相伴的起点。在这五年里,我们从图形化编程开始,从一步步理解代码的逻辑到亲手设计程序,再到登上全国青少年无人机大赛的冠军台,每一个进步、每一次挑战,都充满着温暖和汗水,也见证了这群孩子的成长。

五年前的一个上午,教室里充满了好奇的目光,我微笑地看着孩子们,慢慢揭开机器人编程的神秘面纱。对于大多数孩子来说,编程是个完全陌生的世界,许多孩子压根不知道这与生活中的游戏、科技有什么关系。看到他们眼中的好奇与茫然,我决定从基础的图形化编程入手,让孩子们用"搭积木"的方式接触编程。

小冯是个特别好动的孩子,从没听说过"编程"这个词。看到桌上的小机器人,他忍不住好奇地问:"老师,机器人能听懂我们的指令吗?"孩子们都睁大眼睛等待着我的回答。我笑着对他们说:"机器人其实不会'听'懂我们的语言,但通过编程,我们能让它执行各种任务。"小冯眼睛一亮,那是一种兴趣被激发的感觉。接着,我引导他们把编程看作是一种"创造"的过程,把编程比作搭建积木,这个比喻让孩子们渐渐接受并理解了编程的概念。

课堂上,我向孩子们展示了悟空机器人如何在编程指令下进行前进、转弯、停止等简单操作。每一个小指令都会引发孩子们的讨论，有人大胆猜测它还能做些什么，有人开始主动提问。我鼓励他们大胆想象，不断探索，并提出各种有趣的创意。渐渐地，孩子们开始对编程产生兴趣，课堂上不再只是安静地听讲，而是一次次地互动与探索。他们的每一句提问、每一个好奇的眼神，都让我更加确信——伴行之路充满意义，我不仅是他们的老师，也是他们共同探索科技的伙伴。

随着教学的深入，孩子们从图形化编程的简单指令逐步迈向了动手实践的阶段。这时，学习编程的过程变得更加复杂。为了让孩子们能够在实践中真正掌握编程，我决定为他们设计分组合作的任务，通过小组的力量来解决更具挑战性的编程问题。

一次小组活动中，我布置了一个让机器人避开障碍物的任务。孩子们兴奋地开始编写代码，但在试验过程中，机器人总是绕不开障碍，甚至直接撞了上去。面对失败，有的孩子无奈地放下手中的设备，有的则忍不住抱怨："是不是机器的问题？是不是哪里出了毛病？"看到他们困惑的样子，我鼓励他们先冷静下来，尝试一起分析问题产生的原因。

于是，我带领孩子们逐步排查：检查传感器的状态，查看编程逻辑，甚至连小小的电路板都没有放过。这个过程中，孩子们逐渐从最初的急躁，变得沉着冷静。小组成员间也产生了更多的讨论，他们开始分析不同的问题来源，有的孩子甚至主动提出自己的解决方案。这个过程不是简单的故障排除，而是通过反复尝试、协作和讨论，让他们懂得问题的解决不在于得到现成答案，而在于一次次耐心探索和团队协作。

印象最深的是小冯和他的伙伴们。一次实验失败后，他看到别的组已经成功了，显得有些失落。于是我走过去轻轻拍了拍他的肩膀，对他说："不妨试试多一个传感器，这样机器人可能会更灵敏。"他和组员们尝试了一下，结果机器人成功绕过了障碍。小冯眼中再次闪烁着激动的光芒，他明白了原来解决问题不仅需要技术，更需要不断尝试和团队合作。

通过这样的实践，孩子们在潜移默化中逐渐明白了思考、动手和协作的重要性。他们不再是知识的被动接受者，而是主动探索的参与者。在伴行课堂中，我和他们共同面对每一个挑战，见证了他们从简单的编程入门走向深度探索的过程。这不仅仅是技能的培养，更是让他们在挫折中成长，学会如何在面对困境时坚持不懈。

五年级的到来标志着我们努力的巅峰时刻也到来了。在长达五年的学习和练习之后，我们迎来了全国青少年无人机大赛。这不仅是孩子们展现自我、提升自信的机会，更是他们在实践中获得认可的舞台。孩子们期待着这次大赛，同时也承受了前所未有的压力。我看着他们从课堂上的活泼好动，到面对比赛时的认真专注，心中也充满了自豪。

备战期间，孩子们几乎每天都在专用室加班调试。一次次试验，一次次调整，孩子们流下了辛勤的汗水。记得一个下午，调试编程无人机的任务失败了，小冯和他的伙伴们急得满脸通红，忍不住问我："老师，为什么总是差一点？"我对他们说："有时成功就在下一次尝试的路上，关键是不要放弃。"看着他们重拾信心，继续投入试验中，我深知这不仅是一场比赛，更是他们学会坚持、学会超越自我的机会。

比赛那天，孩子们穿着整齐的校服，脸上带着些许紧张却又掩饰不住的期待。我们走入赛场，大家小心翼翼地调试设备，确保每一个步骤都精准无误。随着比赛开始的哨声响起，孩子们沉着地操作着编程无人机。寻找隐藏任务、探索迷宫……无人机顺利完成了迷宫中的每一个任务。最终成绩公布，我们荣获全国冠军，那一刻孩子们高兴地欢呼，彼此拥抱，眼中闪烁着激动的泪光。我看着他们在胜利的光环中享受着属于自己的荣耀，心中感慨万千——这五年中的每一个日夜、每一次失败和坚持，终于在这一刻得到了最好的回报。

未来的日子里，我会继续带领更多的孩子们在"伴行"理念的指引下走向更广阔的未来。

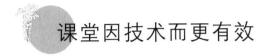

课堂因技术而更有效

周云鹏

随着信息技术的飞速发展，每年的领航杯信息化教学能手比赛成了展示教育技术创新应用的重要舞台，这些老师的课堂体现了技术伴行课堂的温度。

一

回望2022年，邱老师执教《美丽的小兴安岭》一课，智能平板系统、北斗导航系统、钉钉软件等多种信息技术的综合运用，为学生们开启了一场前所未有的视觉与心灵之旅。

随着邱老师轻轻一点，智能平板仿佛一扇通往未知世界的窗口，将小兴安岭的四季美景逐一呈现。春天万物复苏，嫩绿的新芽破土而出，山间小溪潺潺流淌；画面一转，郁郁葱葱的树木遮天蔽日，阳光透过树叶的缝隙洒下斑驳的光影，构成了一幅生动的夏日画卷；当画面切换至秋天时，学生们无不惊叹于那五彩斑斓的世界，金黄的落叶铺满林间小道，火红的枫叶在枝头摇曳，宛如一团团燃烧的火焰；而冬天的场景更是让学生们心驰神往，银装素裹的小兴安岭宛如童话世界，雪花在空中翩翩起舞，万物都笼罩在一片宁静与祥和之中。平板电脑成了学生们探索这片神秘土地的"眼睛"，他们轻轻滑动屏幕，仿佛漫步于小兴安岭的四季之间，感受着大自然的神奇魅力，原本平面的文字教学变得立体而生动。在技术的陪伴下，教育不仅仅是知识的传授，更是情感的交流与共鸣。在邱老师的课堂上，学生们不仅学到了课文中的知识，更在视觉与心灵的双重震撼中，感受到了祖国大好河山的壮丽与美好。

邱老师不仅利用平板电脑展示美景,还通过北斗导航系统为学生们介绍了小兴安岭的地理位置和生态环境。这种身临其境的感觉,让学生们对课文中的描述有了更加直观和深刻的理解。而钉钉软件的应用,则为这堂课增添了更多的互动性,通过数据分析,邱老师迅速掌握了学情,哪些知识点掌握得不够牢固,哪些学生需要额外的辅导,一目了然。这种高效便捷的数据收集与分析方式,不仅提高了教学效率,也让邱老师能够因材施教,为每个学生提供个性化的指导。

二

到了2023年,朱老师的课堂上,一场关于《剪纸——老鼠嫁女》的传统文化与现代技术交融的教学盛宴悄然上演。网易有道智慧课堂平台如同一位无形的魔法师,给传统剪纸艺术赋予了新的生命与活力。

课堂伊始,朱老师打开投屏功能,将手中的剪刀和彩纸巧妙地舞动起来,随着剪刀的上下翻飞,一张精美的剪纸作品逐渐成形。学生们瞪大眼睛,紧紧盯着屏幕上的每一个细节。朱老师通过调整角度和放大倍数,让每一个剪纸的细微之处都清晰地展现在学生们眼前。他们仿佛置身于剪纸的世界,目睹了传统艺术的魅力与精妙。

更令人兴奋的是,学生们通过平板拍照上传功能实时展示自己的剪纸作品。他们纷纷举起手中的作品,对着镜头露出灿烂的笑容。这些作品虽然稚嫩,却充满了创意与个性。朱老师将学生们的作品一一呈现在屏幕上,让大家共同欣赏与点评。在互动交流中,学生们不仅学到了剪纸技巧,还感受到了创作的乐趣与成就感。

而投票与观点收集功能,则成为学生们表达想法的"话筒"。朱老师抛出一个问题:"你觉得这一件作品怎么样?"学生们纷纷在平板上写下自己的回答,并上传至平台。屏幕上立刻呈现出各种观点与想法,学生们在互动交流中碰撞出思维的火花。

这样的教学方式,不仅让课堂变得生动有趣,更让学生们在创作中深刻体会到了传统艺术的魅力与现代技术的便捷。技术不再是简单的辅助工具,而是成了教学流程中不可或缺的一部分。它如同一座桥梁,连接着传统与现代,让传统文化在科技的助力下焕发出新的光彩。

三

2024年,储老师与戴老师将技术的运用带入智能化的新境界。"Is he your grandpa"与"My e-friend"这两堂课,不仅巧妙地融合了网易有道智慧课堂平台的强大功能,更将人工智能、虚拟现实、语音识别等前沿科技融入其中,为学生们开启了一场前所未有的学习之旅。

在储老师的"Is he your grandpa"课堂上,语音识别技术成为一位严苛而又温柔的导师。学生们对着平板朗读英语课文,语音识别系统立刻对他们的发音、语调进行精准分析,并给出相应的分数和反馈。这种即时反馈机制,让学生们能够迅速发现自己的发音问题,并及时进行纠正,极大地激发了学生们口语表达的热情和自信心。

学生们挑选出自己喜欢的全家福照片,通过图生视频系统的智能处理,这些静态的照片被转化成了一段段温馨感人的动态视频。视频中,家人们的笑容在画面中流转,背景音乐轻柔地响起,仿佛时间在这一刻凝固。学生们在观看视频的过程中,感受到了亲情的温暖与力量,他们的心灵得到了深深的触动。

而在戴老师的"My e-friend"课堂上,虚拟现实技术如同一道神奇的传送门,瞬间将学生们带入了一个西方家庭。学生们好奇地探索四周,这时一位小朋友走来,友好地向大家打招呼,介绍起自己的家庭成员。在这个虚拟的西方家庭环境中,学生们不仅感受到了不同文化背景下的家庭生活氛围,还与家庭成员们进行了深入的交流和互动。这样的体验让他们对西方文化有了更加直观和深刻的理解,也激发了他们对多元文化的尊重和热爱。

人工智能自动生成图片的技术,让学生们能够自由发挥想象力,绘制出心中理想的网友形象，实现了创意与技术的完美结合。学生们兴奋又略带紧张地尝试输入他们的要求，伴随着一声声惊呼，大家脸上流露出惊喜的表情，他们真的看到了自己理想中网友的形象。这一刻，他们深深地感受到了科技的魅力和无限可能。

技术伴行课堂，不仅提升了课堂的趣味性和互动性，更重要的是，它为学生创造了一个更加个性化、智能化的学习环境，让每个孩子都能找到适合自己的学习路径，享受学习的乐趣。

技术伴行课堂，让教师的教育理念发生了深刻的变化。他们不再仅仅是知识的传授者，更是学生学习的引导者和伴行者。他们更加注重学生的个体差异和兴趣点，努力创造一个以学生为中心、以技术为辅助的个性化学习环境。

技术伴行课堂，让我们看到了教育的无限可能，也提醒我们，技术的最终目的是让教育变得更加温暖和人性化，打破传统教学中师生之间的隔阂和距离感，让师生之间、生生之间的情感交流变得更加顺畅和真挚。

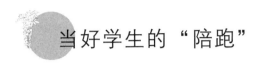

当好学生的"陪跑"

吴小菊

走上那方承载着无数希望与梦想的三尺讲台,我便开启了一段与学生共同成长的奇妙旅程。在这个过程中,我不断思索着自己在学生生命中的角色,探寻着学生所期待的课堂模样。

还记得 2021 年 6 月,我和学生们在一次又一次的突破自我中寻找到"一起向前走"的美好路径。

那节课的一开始,我采用盲盒这个充满未知与惊喜的元素,为课堂注入活力与生机。学生们在猜测盲盒内容的过程中,内心充满了期待与不安,这种适度的紧张感恰恰是他们认识自我的开始。他们开始思考自己的兴趣爱好以及面对未知时的心态。在这个过程中,我扮演着陪伴者的角色,引导学生去感受自己的内心世界,帮助他们认识到自己的优点和不足。同时,我也在观察着学生们的反应,了解他们的兴趣点和心理状态,以便更好地调整教学策略。

因为我觉得教师的陪伴不仅仅在课堂上,更在学生的心灵深处。在"盲盒激趣"环节,我们可以深刻体会到学生们对新鲜事物的好奇心和探索欲望。这也启示我们,在教学中要善于运用新的教学方法和手段,激发学生的学习兴趣。

兴趣一旦被点燃,便如熊熊烈火,势不可当。在"揭秘宝盒:挑战自我"的环节,我把课程分为两个梯度展开活动,为学生们提供了丰富的挑战机会。

学生们人手一个"中流砥柱"的"宝盒",这个看似普通的木盒,却蕴含着无限的奥秘。我邀请学生分享打开盒子前的心理感受,这一环节不仅让学生们更加深入地了解自己的内心世界，也为他们的自主探索提供了动力。

在这个过程中，有的组眉头紧锁，仔细摆弄着"宝盒"，不放过每一个细节；有的组结成团队联盟，各抒己见，尝试各种可能的办法。他们在交流中碰撞，在碰撞中交流，一个个眼里闪烁着光芒。

而此时的我，既是观察者，观察学生们的表现，了解他们的思维方式和解决问题的能力；又是引导者，引导学生们进行思考，提出有针对性的问题，激发他们的探索欲望。

果然，"第一战"的自主探索让学生们充分发挥了主观能动性，培养了他们的团队合作精神和问题解决能力。在这个探索过程中，我给予了学生充分的信任和支持，让他们在尝试中不断成长。

同时，为了鼓励没能顺利打开"宝盒"的学生，我又邀请学生们聚焦"第二战"。没有打开"宝盒"的学生可以带着收获再次挑战自我，已经打开的学生和我一起以观察者的身份参与活动。让观察者们去关注同学们挑战过程中的微表情、微动作等变化，让稍稍落后的学生能从观察者的角度来发现"努力的自己原来如此闪耀"。

挑战是成长的催化剂，突破是自我超越的标志。在"勇闯宝盒：突破自我"的板块中，我设计了终极挑战——搭建"擎天柱"。

当我神秘地宣布进入终极挑战阶段时，学生们的好奇心和挑战欲望被瞬间点燃。然而，面对"十二根钉子同时放在一根钉子上"这个看似不可能完成的任务，学生们心中充满了疑虑和畏难情绪。

我感受到学生心理上开始滋生畏难情绪时，巧妙地"共情"，走到学生中间，跟着学生们一起表示"这个难度无法想象，算了，不挑战了"。没想到，我的这一反应反而激发起学生的挑战热情——"一切皆有可能，不试怎么知道！"

"走到学生中间"是伴行课堂的教学理念之一，它让我与学生站在同一立场，表达出同样的畏难情绪，让学生们感受到自己不是孤单的，老师在面对这个挑战时也感到困难。这种共情拉近了师生之间的距离，增强学生们的信任感和安全感。

同时，我的"反其道而行之"的策略也激发了学生们的挑战热情。当我表示想放弃挑战时，学生们的好胜心被激发出来，他们不愿意轻易放弃，而是想要证明自己可以做到。这种挑战热情正是学生们突破自我的动力源泉。

来到学生中间，我们就要努力当好学生的"陪跑"，尤其是最后冲刺的关键时刻，老师的陪跑尤为重要。课堂上，我关注着每一小组的挑战进展，观察着每个人的面部表情和手部动作。在学生们挑战确实出现难以突破的"瓶颈"时，我及时地给予点拨，向他们介绍"跷跷板"，分享"平衡原理"，而后让学生带着"秘钥"继续自主发现关键性线索。我的"陪跑"和点拨不仅仅是知识的传授，更是一种精神的支持。

挑战任务暂告一段落，但学生们的学习生活还在继续，经常会遇到困难和挫折。一堂课的沉浸式体验，让学生们拥有今后面对困难时的勇气、战胜困难的思维力，也需要一个完美的收官。于是第四环节"高光回忆：传递能量"必不可少。

作为课堂的总结升华阶段，第四环节在舒缓的音乐声中让学生分享自己曾经的成功经历，以情景再现的形式，让学生思考自我激励的有效方式，在经历中收获成长。

学生们分享自己的成功经历，不仅可以让他们感受到自己的成长和进步，也可以为其他同学提供榜样和动力。交流中，我与学生一起思考自我激励的有效方式，例如制定目标、积极自我暗示、寻求他人的支持等。这些自我激励的方式可以帮助学生们在面对困难时保持积极的心态，勇敢地挑战自我。

总之，回眸这堂伴行理念下的新课堂，我以不同的角色陪伴学生一起探索自我、挑战自我、突破自我，收获成长和进步，"我们一起向前走"的美好画卷由此展开。让我们用心去打造这样的伴行课堂，成为学生生命中的"重要他人"，为他们的成长点亮一盏盏璀璨的明灯。

第五章

班建伴行：教之以事，而喻诸德

"教之以事，而喻诸德"出自《礼记·文王世子》，指通过具体事物或实践活动进行教学，在过程中阐明、渗透道德内涵。在班级管理过程中，教师应通过具体事务的教导，使学生在相互合作中办好事、悟其道，让每件班级事务都成为德育的生动载体，达到"做事明理，知行合一"的育人境界。

从孩子们走进校园的那一刻开始，他们就带着各自不同的个性特征和家庭背景，成为班级里的鲜活个体。班级的组建、活动、管理、文化，都将浸润着孩子的成长。作为班级的重要组织者、引领者，班主任工作的专业性、实践性、艺术性显得尤为重要。

"伴行育人"理念浸润之下的班主任都具备什么样的精神气质呢？

有"关注每一个"的宽广胸怀。每个学生都有自己的特点和需求，班主任只有关注学生的个体差异，才能因材施教；班主任只有怀揣着"把整个心灵献给孩子"的情怀，才会想方设法地给学生创建更多展示的平台和机会，让每一个学生发挥所长。

有"蹲下身来"的教育情怀。在一次颁奖典礼上，明亮灿烂的聚光灯下，集团总校长赵建华蹲下身给获奖学生颁奖的身影,成了每一个实小人的深刻记忆,赵校长用自己的行动给老师们传达了学校育人的精神品质:在教育中,要有"蹲下身来"的意识,这是愿意和学生平等交流、耐心倾听、主动沟通的育人姿态。

有"换一种角度"的管理智慧。教育是智慧的事业,管理智慧是班主任素质的综合体现。传统的说教式的教育已经不能满足现代教育发展的需求,不能满足学生个性化发展的要求,智慧地管理班级、化解矛盾、沟通家校,需要班主任用"换一种角度"的思维去思考问题,智慧地管理。这既是班主任素质的综合体现,也是班主任专业发展的现实要求和永恒主题。

班建伴行,这是生命自然的流淌,也是一段师生共同成长的旅程。

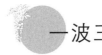# 一波三折的夺冠之路

丁彩娟

学校要举行足球比赛了！听到这个消息，大家奔走相告，高兴坏了。孩子们纷纷表示："这一回我们一定能勇夺桂冠。"几个足球队队员也掩饰不住内心的喜悦，一副志在必得的样子。我也是信心满满："就凭我们出征的队员全是学校足球队训练有素的'正规军'，一个校级冠军还拿不下来？"

集团总校长赵建华的"伴行"理念告诉我们：管理就是一种"伴行"。班主任在班级重要事情面前，必须"在现场"。为了营造"在现场"的仪式感，我们特地做了一面很大的旗子，扛着大旗，全班四十几个人浩浩荡荡地进入了操场。观众拿着各色花球，一边挥举，一边呐喊："四班四班，勇夺桂冠。"队员们早已换好了队服，在绿草地上蓄势待发，一副胸有成竹的样子。我站在孩子们都看得见的最显眼的位置，用必胜的手势，回应他们坚定的眼神。

初赛采用的是最简单的形式，共分两场，每场十五分钟。不能分出胜负，就以点球决定胜负。比赛开始了，双方不分上下，第一场2∶2打平，孩子们不服气。到了下半场的时候，每个人都急于求成，一个后卫冲到前锋，想要进球，结果让对方有了可乘之机，一脚进门，他自己在奔跑过程中还扭伤了脚。比赛结果，又是平局，进入点球大战。我们队的守门员，硬是凭着一股子倔强，扑住对方的两个点球。

虽然赢了，但感觉并没有赢的欣喜。大家收起了大旗，快快地离开了操场，心里只有两个字——憋屈。观众的心里是对"正规军"

的失望和不解，队员的心里是遗憾和委屈。对于队员来说，挫败感不仅来自没有赢球，更来自大家对他们的质疑。比赛本身就有或成或败的偶然性，我在现场，本意是给孩子们一种精神的支持和鼓励，即便是失败，也要在失败中激发他们的正向心流，这才是真正的成长陪伴。而这一次的课题是：在失败面前，如何提高他们的抗挫力，学会回弹，尽快复原，甚至能够获得成长？

为了实现深度的"对话在场"，我阅读了哈佛大学心理学硕士安妮的《心理韧性》：心理韧性作为应对与战胜挫折的心理能力，是可以通过引导得到提升的。在初赛结束后，我选择了避而不谈，忍耐挫折是提高心理韧性的第一步。在冷静中让孩子形成自我的反思，降低对事情本身的期待。也许一开始，我们对于比赛本身就寄予了过高的期待。

第二轮比赛在两天后正式拉开了帷幕，为了避免发生小组赛的情况，我想先听听他们自己对于初赛表现的想法。队长说："我是队长，我有些急躁了，一直没踢好，我就有情绪了，有点破罐子破摔。"看来，他对自己的认识还是很清楚的，他的确是个情绪化的孩子。面对队友的受伤、频频更换，还有场外的长吁短叹，他当时肯定就绷不住了。我说："好的，这一次，你要控制自己的情绪，要有力量感，踢足球是一项兼具力量和技巧的运动。"他听了，点点头。

有队员说："我们应该知道自己的角色，做好自己的事，在这个基础上，互相配合。"他说得也很精准，一个团队，没有配合，就是一盘散沙，何况是短时间内就要出结果的比赛。

在他们有了对自我与比赛清晰的认知以后，我要做的就是建立起他们比赛时的乐观心态，调动积极的情绪，消弭挫败的影响。我说："没事。美国作家海明威说过，'生活总是让我们遍体鳞伤，但到后来，那些受伤的地方一定会变成我们最强壮的地方'。"

通过对话，我们分享了彼此的思考；通过对话，我们习得可能的心理疏导技能。积极的心理暗示开始了：首先，我要求他们看着我的眼睛，说一句——"我很有实力！我一定行！"其次，形成两个赛前约定：一是永远相信自己，以愉快积极的心态踢完；二是中途没有特殊情况不许换人，必须死扛到底。我问道："你们能做到吗？"他们肯定地点了点头。

最后，我问他们："这一次，你们需要我去做观众吗？"队长想了想，说："不要了，老师，你说的我们都记住了，我们想自己踢一场。"然后，他们一行人就"飞"出了教室，再次登上了足球比赛的运动场。半个小时后，体育老师发来了信息："2∶0，我们赢了！"随之一起发来的还有几个孩子的合影，汗津津的脸，明亮亮的眼，还有灿烂的笑！

巅峰对决是和（3）班展开的，我自己在赛前是有评估的，从实力来说，他们更强一些，这个实力既包括脚下功夫，也包括心理力量。赛前，我还是征询了队员们的意见，他们还是决定，就几个人单独去打比赛。

我很欣赏他们，并且意识到：班主任的伴行指向的是孩子的独立成长。外部支持最终转化为积极的自我心流，从而形成人际的横向关联和个体的纵向渐进。队长说："我们有目标，万一有问题，我们还计划了一个替补方案。"他们提出了两个要求：一是赛前，要我给他们每个人拥抱鼓励；二是让我找学校的足球教练给他们做一次赛前辅导。一场比赛，他们不仅从挫败感中走了出来，还学会了解决问题。

比赛完了，第一个走进教室的是一个高个子男生，他是守门员，大汗淋漓地走了进来。那时候，教室里正在自习，有的看书，有的写字。他"面无表情"地走了进来。接着，几名队员跟了进来。终于，教室里有个孩子忍不住地问："我们赢了吗？"队长平静地说："我们赢了！"瞬间，教室里一阵欢呼，打破了整个校园的安静，这此起彼伏的欢呼中，我看到了他们一行人沉稳的大将风度。

那天下午，正好是作文课，我们就以这一次的足球比赛为内容，写了一篇作文。队长的感想是这样的："决赛的时候，面对强劲的对手，我们有些乱了阵脚。我有点着急，但是很快调整了自己的情绪。我想到初赛狼狈的场景，想到了我是队长。在场上，遇到队员，我都给他们示意——我们可以！"

那天，我们特地举行了一次班级颁奖仪式，我把奖杯颁给在夺冠之路上努力拼搏的他们。一路走来，看似是教师从比赛现场走到了学生心里，其实是他们挣脱了成人的陪伴，走向了彼此。

别让标签束缚了成长

浦海虹

卷角的书打开着,被啃咬变形的笔丢在一旁,待订正的作业本斜横在桌角,画满特种兵火柴人的草稿纸从桌肚口挂下来,桌脚边散落着纸飞机、水彩笔、跳绳、小陀螺……此刻,这张课桌的主人、被医生诊断为"多动症"的小西,正拿着废胶带缠成的小球,在走廊里踢得酣畅淋漓。他小小的身躯在人群中灵巧地躲闪、穿越,脸因运动而涨得通红通红的,凝结的汗水不断从发梢滴落。

在大家眼里,小西身上贴着各种标签。他较真,会为了座位的大小、丢失的橡皮和同学争长论短;他易冲动,遇事不听劝,一言不合就要大动干戈;他不守纪律,上课时开小差、影响同学,排队时总要游离于队伍之外;他做事拖拉,边做作业边玩,速度很慢,家庭作业只有父母看着才能勉强完成……自从有了"多动症"的标签后,他学习上直接"摆烂",把心思都用在了怎么玩上。老师们善意的提醒、温和的告诫、严厉的批评,他都不在乎。

集团总校长赵建华曾说:"伴行是一场生命的灿烂。""小学教育既要温柔地注视学生当下的学习生活,更要深情地凝望他们今后的漫长人生。"如何帮助小西摆脱标签的束缚,走向更好的未来?

其实,小西爱劳动,愿意为班级做各种力所能及的事情,乐此不疲;他记忆力强,讲起历史滔滔不绝,仿佛一位知识渊博的历史学家;他好奇心重,科学课上全神贯注,对宇宙、军事、科技等领域的知识表现出了极度的痴迷;他爱听好话,给他戴上一顶"高帽子",就能像小宇宙爆发般迅速完成作业。这样的小西让我充满期待。我愿意陪伴他，给予他拔节生长、向上攀登的力量，让他成为更好的自己。

那天，我拿着他那张阅读理解题一片空白的单元练习单，努力隐藏着自己"恨铁不成钢"的情绪说："小西，男孩子爱玩、好动是正常的，但你一定要把自己看成'多动症'的话，谁都帮不了你！现在的你，让我特别难过。"他抬起头看着我，眼神中闪过一丝惊慌和无措，但很快又被倔强取代。

撕掉小西身上的标签不可能一蹴而就，就如赵建华校长所说："如果孩子是沉睡在土壤中等待萌发的种子，那么我们就要用美丽的心情，在寂寞的日子里用心守望、耐心等待！"

在等待的日子里，我决定采取行动来改变这种局面。我每天利用语文课课前三分钟，在班上讲述名人的传奇经历，那些励志和鼓舞人心的故事就像一束束温暖的阳光，给予了孩子们光与热。我做一些有趣的科学实验，比如神奇的水面张力实验，当看到装满水的玻璃杯还能装下一百枚回形针而没有溢出一滴水时，孩子们的眼睛里闪烁着惊讶和兴奋的光芒。我组织孩子们玩充满挑战和乐趣的游戏，比如蒙眼过障碍、手指抬人等，让他们明白不要被习惯性思维束缚，要相信坚定信念就会发生奇迹。每一次，我都会拉着小西参与活动，交流感受。我想通过课前活动让小西以及所有孩子明白：人的潜力无限，你是什么样的人，完全取决于你自己想成为什么样的人。

在大家的影响下，小西参与活动的态度悄悄发生着变化，从一开始的心不在焉到日渐投入。我也给予了他更多的关注。当他的书写越来越端正时，我会加一颗星，让他看到自己的进步；当他的名字出现在按时完成作业的名单上时，我会毫不吝啬地点赞，让他感受到自己的努力得到了认可；当他在课堂上回答问题的次数增多时，我会热烈鼓掌，让他发现自己也可以闪闪发光；当他作业的正确率提高缓慢时，我不断鼓励，让他知道只要坚持不懈，就一定会取得成功。"努力就会很不一样。"是的，这样的小西确实有点不一样了，这颗"沉睡的种子"被慢慢唤醒。

非常庆幸,"多动症"的标签,没有继续影响小西。我也深深地知道,要想撕掉标签,仅仅依靠外力的推动是远远不够的,要重视激发孩子正向心流,在积极的陪伴中,让他们的生命充盈着快乐和惊喜。

一天,小西迈着轻快的步伐来到了我的办公室,眼神中闪烁着一丝期待和紧张。他小心翼翼地问我:"浦老师,我想和你签一份'约定',可以吗?""当然可以。"我虽然表面上不动声色,但心中已惊喜万分。"约定",是为了促进孩子良好习惯的养成而采取的我和孩子们之间独特的互动方式,自愿签,随时签。小西能够主动来找我,想用这种方式来约束自己、接受监督,说明他又前进了一大步。

我微笑着对小西说:"你写一份约定书吧,写好了我们一起签字。""好的。"他接过我递给他的纸和笔,一笔一画地写了起来。不一会儿,小西把约定书递给我:"浦老师,我写好了。如果我能坚持一周在课堂上不开小差,周末就减少一项作业。如果课堂上做小动作了,周末就加一项作业。"看着约定书上稚嫩却又坚定的字迹,我有些莫名的感动。我拿起黑笔,在"签约人:小西"的旁边郑重地写下了我的姓名,然后站起身,与小西紧紧地握手。那一握,我感受到了他对这份约定的珍视和对未来的期待。

阳光下,捧着约定书离开的小西步履轻快,脊背挺得直直的。他正带着决心和勇气,挣脱一个个沉重标签,走向独一无二、充满自信的自己。当孩子不被标签束缚,就有了更自由、健康的成长空间。

我们一起吃好饭

何 爽

时间过得真快,陪伴这班孩子已经第四年了。根据学校的安排,我们班这学期在教室里用餐。孩子们显得异常兴奋,有的说不用一下课就排队去食堂了,有的说可以自己当主人分餐了。而作为班主任的我却忧心忡忡:且不说在班上分餐烦琐,班级卫生更是一大挑战。

我的担忧不无道理。开学第一天,分餐困难重重:使不惯的大勺,两个班共享的餐车,加上像是饿了三天的娃,队伍长到转了弯,尽管已经规定了路线,可还是难免磕磕绊绊,一个中午分餐就让我精疲力尽。同学们也明显很不习惯这种低效的分餐方式,由兴奋转为沮丧。

"一起吃好饭"这个再简单不过的事,一下子成了我们班当下急需解决的难题。

可我也很难在短时间内有可行之策。行有伴必可学,相伴学易长进,不如先看看孩子们有什么好主意。于是,一场为了吃好饭的"战役"就此打响。

孩子们七嘴八舌纷纷寻找良策。在众多的意见之中,小范的见解得到大家的一致认可。小范同学走上讲台,一语惊人:"第一大组到第四大组找出我们现在分餐时的问题并给出解决方案,第五大组到第八大组想想要怎么保证班级卫生,20分钟倒计时,开始!"好一个有魄力的姑娘!一声令下,在各组组长的组织下,小组成员围绕在组长周围,一个个头挨着头,讨论异常热烈。

我走近每个小组陪坐在他们身边,倾听他们的讨论,记录下美好的时刻。"时间到,各组汇报!"孩子们以组为单位依次上台汇报,他们在台上口若悬河,我在一旁走笔疾书。很快,《满天星极速分餐指南》和《满天星餐后卫生指南》出炉了。我不禁感叹:每个孩子都有"自成长力",作为这场用餐保卫战的受益者之一,我目前能做的好像就只有陪伴、倾听和记录了。

次日,两份指南发挥了意想不到的作用。我按照指南上的要求,和送餐阿姨同时抵达走廊分餐点。下课铃声响起,大家伙开始各司其职。

三连座的中间位化身分餐"阿姨""大叔",各自执掌饭、菜、汤的分发大权;为减少人员走动,双人位一人打两人餐,另外一人负责餐后擦桌子;选取了一位身强力壮的男生搬饭盆,一位身材娇小的女生发勺子,端菜按照指南设计路线,不走回头路,11:35下课,11:42全班就吃上了饭。饭后,举全员之力打扫了教室,同学们配合默契,打响了"一起吃好饭""战役"的"第一枪"。

在现场观摩全场的我,总忍不住想参与一下,孩子们就会用得意的眼神制止我:别来,我们可以。给予了孩子们真诚、用心的陪伴,孩子们的成长像呼吸一样自然。

可新问题接踵而至。分餐"大叔"表示勺子不够,一人打两个菜不仅效率低还容易弄在地上;分餐"阿姨"提出蹲着分餐既累也有饭菜滴洒的风险;值日生代表表示,分餐时再小心依然难免地面上产生油腻,不好打理。"再开会!"餐后小范再次召集分餐组、卫生组、纪律组负责人开会,他们特邀我参加这一场特别的会议。我听着听着,总算是知道他们邀请我参会的原因了:需要物质支持。解决上述问题的方法归根结底就是:再添置两把勺子、两张小桌子、一些一次性桌垫铺在地上。

"小意思,我来解决。"

"何老师,你可真是神了!"

在积极的陪伴中,师生一起为了同一个目标而努力,孩子们感受到了合作共赢的快乐和惊喜。"一起吃好饭"的需求得到了家校的支持，会后不到两个小时，所需物品便迅速到位。

在班级司务长的敦促下，我们一起修改并细化了两份指南，明确了饭盆存放点，新增了班级大勺清洗员和桌垫放置员的职务，制定了倒菜监督员轮值表，全班举手表决，一致通过！一切准备就绪，只待第二天的检验。

可偏不凑巧，第二天我被安排去其他校区听课，副班主任也作为师徒结对代表需要早早去会场等待，打好饭菜后便离开了教室，只得委托隔壁班老师从旁关注一二。

待我放学前赶回教室，他们一拥而上，迫不及待地要告诉我今天分餐的盛况，一个个像打了胜仗的战士，洋溢着骄傲的神情。

"这个桌子高度正好，也不需要弯腰。"

"你知道吗？何老师，我为了让桌布铺得贴合，还想了个好主意，我在地上洒了一点点水，是不是很聪明？"

"我们排队吃饭很有秩序，隔壁班老师还拍了照片，你记得去看啊！"

可真是"养娃千日，用娃一时"，孩子们在"一起吃好饭"这件事上得到了精神上的支持，拥有了良好的心理环境，获取了成长的巨大能量。培育、呵护、托举、鼓劲！孩子们，你们的一切合理性需求我都愿意给予最大的信任和支持。

虽然开学才一月有余，我们班已基本上做到了"一起吃好饭"。在此期间，我们还进行了岗位的轮替、组长的更换、阶段性总结，还开展了一场"吃饭期间要不要喝水"的探究性学习，不断提高"一起吃好饭"的质量。

从"一起吃好饭？"到"一起吃好饭！"，我们一起思考，一起行动，一起研究。吃好饭是小事，但对孩子的成长来说是大事。小事成就大事，细节成就完美。我会从伴孩子"一起吃好饭"开始，关照孩子们成长之路上的每一件小事，见证他们茁壮成长的每一个瞬间。

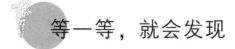 等一等，就会发现

曹银凤

一、发现问题

集团总校长赵建华的"伴行"理念告诉我们：管理就是一种"伴行"。要想管理好作为学校重要细胞的班级，班主任就要和孩子们一起向前走。首先要做到身"在现场"。班主任要到现场去发现问题。五年级的一天，一声惊呼打破了教室的平静，此刻正在班里陪餐的我第一时间奔赴"案发现场"，原来是打菜的小吴不小心将菜泼了些在小陆手上，受惊的小陆顿时火冒三丈，直接将热热的饭菜一股脑地丢到了小吴身上。我立马查看情况，因为被泼菜，小吴肚子上的衣服被汤汁打湿了一大片，我第一时间给小吴垫上干净的毛巾，看没有大碍，就让孩子们恢复就餐，先冷静再说。

走进教室，我扫视的目光穿透人群和一双怯怯的眼睛相撞，很显然小陆一直在留心我的反应。我将几个孩子叫出来，首先请当事人复盘当时的情况，轮到小陆说时，只见他笔直地站着，语气平静地告诉我："刚刚被烫时，真的很疼，情绪一下子就上来了，想也不想就扔她身上了。是我错了，我不应该这样，我要控制自己的情绪……"接着，旁边的小吴稳稳地开口了："曹老师，我真的没事，没问题的，您别生气了……"其他同学看到也纷纷打圆场："小陆确实情绪激动了些，但是还好没有酿成大错！"

管理是人与人之间对话的过程。班主任和孩子们经常要组织"说来听听"。也许说着说着就在无形中达到了教育的目的。于是，

我静静地听着,听着听着,我发现孩子们渐渐理智了很多,而他们的理智又直接影响到我,我的怒气似乎也在这一层层的倾诉中慢慢开始消散了……

二、发现契机

看看对"肇事者"多番维护的小吴,再瞅瞅一旁忏悔不已的小陆,我敏锐地察觉到这是一次很好的教育契机。于是,下午的作文课立马变成一场道德与法律的班会课,我们谈到民法,谈到刑法,谈到父母的监管职责,再到最近发生的事,尤其是当下这件事……

站在讲台上,望着那一双双明亮的眼睛,作为班级管理者,我决定充分肯定每一个孩子的善良,尤其是男孩们这学期以来可圈可点的表现;我也重点表扬了小陆这学期以来的进步,无论写字多么耗时,语文课本上他总是一笔一画,写得那么认真,连续多天的三颗星就是证明。本以为的"批评课"竟然变成了"表扬课",那一刻,小陆黯淡的双眸重新燃起了亮光,他扬起小脸看着我,似乎不敢相信自己的耳朵。我趁机进一步解释着:"你看,小陆不仅勇敢地承认了错误,而且也关心受伤的小吴,想要写一份检讨,说明他是愿意为此承担责任的,还是一个好孩子!接下来请全班监督小陆的行为。"顿时,小陆看向我的眼神充满了坚定,郑重地向我点了点头。"当然,更让我惊喜的是我们的小吴和小吴爸爸,当事情发生时,他们用宽广的胸怀给了我们无限的温暖和宽容。"孩子们纷纷点赞,平时默默无闻的小吴那一刻脸上绽放出最美的笑容……

班会课在一阵热烈的掌声中结束了。那堂课孩子们听得尤其认真。从小陆端正的姿势、虔诚的目光中,我读懂了他的反思;从小吴对小陆的谅解、语气的淡然中,我读到了她的宽容;从全班赞许的目光、积极的发言中,我感受到孩子们的善良和温暖。从这件事情中,我看见了每一个孩子,更让每一个孩子透过这件事看见了自己。掌声里是对彼此心灵的触动,更是看清自己的优缺点之后,对自我的肯定和奖赏。

三、发现升级

此后相当长的一段时间,班级里少有因情绪激动而冲突的事了。恰逢学校鼓励每班排练心理剧的活动,经过全班的投票,我们以这个"激情倒饭"故事为蓝本,创作了 8 分钟心理剧《发现》,在敲定剧中那个脾气暴躁的主角时,小陆得到了全班一致的认可,他也欣然接受了这一艰巨的任务。《发现》讲述了在心理委员和一群可爱的同学的帮助下,原先一遇到不顺心的事就会暴躁发脾气的小刚同学(小陆饰演),遇事逐渐平复情绪、冷静下来并做出合理的行为的过程。在这个过程中,同学们和小刚约定,每当他要冲动发火时,另一方就大声喊出大家共同的暗号"先等一等"。当天的表演很成功,当台上的小刚暴跳如雷准备发动时,其他孩子异口同声地喊出了那句"先等一等"的暗号,在场所有的观众,尤其是(3)班的孩子,一齐奋力给这几个孩子鼓起掌来。那一刻,那一声"先等一等"不仅仅是对剧中小刚冷静情绪的唤醒,更是对在场师生精神的鼓舞。共情,才能与之"共舞"。正如赵校长所说:"伴行不仅仅是领导者与教师在情绪上的共情,更是在共情基础上凝聚人心、凝练共识的过程。"

四、发现变化

自此,"先等一等"这句暗号就在我们班扎根了,而且使用频率还不低。这不,检查预习作业,请没完成的孩子站起来,"哗啦啦"站起来一大片,其中就有参演《发现》的小陆、小李和小张……血液一下子冲上我的脑门,我能感受到火气一直在"噌噌噌"地上升,刚想"河东狮吼"震慑一下,只见小陈"刷"地一下站起来,脸上满是焦急,冲口而出:"曹老师,先等一等,小心要长'丁香结'!"看到他滑稽的样子,再看看小陆他们愧疚的眼神,不知怎的,火气立马下去了。几个平时就很活跃的男孩子,顺势一起劝说:"曹老师,先等一等,注意身体。"一瞬间,教室里四面八方接二连三的声音传来,最清晰的就是那句"先等一等"。随着这此起彼伏的"先等一等",我胸腔中的气焰神奇般地一点点被抽离,内心逐渐被熨平。看着一个个羞赧、愧疚的孩子,我大手一挥:"都坐下去!"声虽厉,但早已没有了刚开始的气势。

哪有孩子不犯错,也许还会一犯再犯,如何帮助他们?也许这就是教育的价值和魅力所在!那一句"先等一等"等到的不仅是老师对学生的宽容和原谅,也是孩子们对老师的关心和敬爱啊!师生之间只需要这一句暗号就达到了心流同节拍、互相谅解和赋能的境界。

那句"先等一等"里,我发现了孩子们自我教育的能力,发现了教师陪伴孩子成长的智慧,更发现了师生互相陪伴、共同成长的力量。

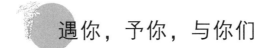

遇你，予你，与你们

郁敏华

初识小 Z，是在 2022 年的暑托试点班。才一两天，他就被所有的值班老师认识：老师的管教，他不听；应有的规矩，他不遵守；要求的学习，他不完成。从班主任处了解到：多名老师已多次向她反映小 Z 的课堂情况。无疑，三年级的小 Z 是所有老师眼中的难题。面对这样的孩子，我其实也有些胆怯：不遇到是种幸运。

一、遇你

再次接触小 Z，是五年级接任他所在班级的数学，我成了他真正意义上的老师，躲不掉，只能选择"正面交锋"。

我首先想到的是争取获得家长的支持，但接通电话的第一句是："晚上我没有空的，晚上家里没有人的。"他未出场，我先受挫。伴行提倡的是真诚、用心的陪伴，这其实就是"陪伴是最长情的告白"，只是他的家长不明白这个道理。但家长的冷漠态度让我意识到：需要调整自己与小 Z 的关系。

原先我总是认为"坏习惯"是横在我和小 Z 之间的河流，试图借助家长的力量把对面的他拉过来，现在家长的支持没有了，只有把小 Z 变成我方队友，才能避免我的孤军作战——我和小 Z 是并肩与他"坏习惯"作战的"战友"。集团总校长赵建华说："校长不缺席，我们在一起。"对小 Z，就是"老师不缺席，我们在一起"。

二、予你

新学期两周内，他尚且还不敢放肆。只是偶尔在课堂上侧坐翘脚,偶尔"葛优躺",偶尔埋头于课桌玩玩具,作业少做一两题,不订正,他以他的方式来一次次试探我的耐心。

我不气不恼,默默观察:在我提醒同学们写字坐姿要端正而他跟着调整时,我表扬他;在我没收其他同学的小玩具而他悄悄地收起手中的"私藏"时,我表扬他;课堂上当他拒绝找他说话的同学时,我表扬他;我采用"开火车"的方式让他不得不参与到回答问题的环节,然后在他回答问题后表扬他,要么夸他声音响亮,要么夸他回答完整,再么夸他反应迅速,甚至回答错误也夸他勇气可嘉……

为了让表扬和鼓励能以他看得见、听得到的方式继续围绕着他,我送上了老师的专属小纸条。

一学期下来,课堂上的他积极参与,回答问题,上台板演;课间的他与同学互相谦让。因为发言,因为书写,因为友爱……他收获了一次次掌声。在成长的历程中,人最需要的是精神上的支持和帮助,伴行所给予的真诚、用心的陪伴就是一种精神上的支持。表扬和鼓励在小Z内心种下了一颗自信的种子,当夸奖像糖果一样甜蜜时,这颗种子就会更愿意主动"冲刺",而持续的关注和陪伴如同"魔法饮料",给种子源源不断地注入成长的能量,让他觉得"我就是那个能做到的人"。他的自成长力被激发出来,伴行带领着他进入了"成长像呼吸一样自然"的状态。

三、与你们

对于生活在班集体中的小Z来说,班级是精神孵化器、价值智造营,他与同学之间、与班级群体需要建立紧密关联,因为与同伴良好的关联是他成长的土壤。因此,我开始在班级组建学习小组,并尝试让他担任小组的组长,负责收发作业本。

所有组长的聘用(包括他)都经过自主申请,同学评议后产生,然后颁发聘书。一系列有仪式感的过程让组长不仅有责任感,还能在与同学的合作中增强自信。每当小Z顺利完成这项任务时,我都会适时给予肯定,让他感受到自己在群体中的价值。事实告诉我,"组长"一职他担任得不错,每一次的优秀组长评选都有他。尤其是在"同桌我来选"活动中,他获得了那个文静、优秀的同桌的认可。

五年级快结束时,小Z成了一个在不断尝试中逐渐绽放光芒的少年。他不再是那个需要老师随时关注才能在课堂上集中注意力的孩子,他的作业也不再需要再三催促才能完成,他更不再是那个拉着其他同学一起玩闹课堂的孩子,而是带领着组员获得"最佳学习团队"称号的组长。集团总校长赵建华曾说:"伴行,重在聚合关联的力量。一个积极的小圈子(小组)成长了,个人才能发展;个人成长了,小圈子、大圈子(小组、班集体)才有希望。"身体同在场、心流同节拍,伴行关联,让孩子们在良好的班级氛围中不断成长,走向更好的自己。

期末前的一个周末,小Z妈妈主动添加了我微信,询问一张小Z丢失的作业纸。期末成绩出来后,小Z妈妈又发了信息,了解期末的数学成绩为优是否为真。不管是问作业还是问成绩,这来自孩子和家长态度的转变正是"我们一起向前走"的最佳佐证。

小Z的故事还没有结束,我们将继续相伴同行,与未来美好相遇。

好好玩

周春霞

"打——打——打呀——""哎呀，踢——""哇——'杜老壮'真牛！""你的'黑悟空'也不赖！"学习完《竹节人》这一课，孩子们对文中的传统玩具竹节人产生了浓厚的兴趣，各种材质、各种版本的竹节人纷纷诞生。一小段儿铁丝再系一绺红丝线，就是威风凛凛的长矛；一小截缠紧、掰弯的锡纸就是一把亮闪闪的弯月刀。一下课，两张桌子一拉一拼，对决就开始了。竹节人在桌面上上下翻飞，翻滚腾挪。

小葛的竹节人更是让人眼前一亮，每个关节都经过精心的打磨，360度可旋转，脚下两个中间带孔的圆形垫片，让进攻和防守空间毫不受限。他目光炯炯，手脑并用，酣畅淋漓地战着，喊着。几场下来，众多竹节人被打翻落马，小葛取得了胜利，被同学们簇拥着，颇有几分少年英雄的豪气。我一时间有点儿恍惚，这还是那个一提学习就愁眉苦脸，家长无计可施，只能放之任之的小葛吗？一缕阳光射过来，照在竹节人的护甲上，映在小葛的脸上，点点金光在跃动，他看起来那么生动。

上课铃声急促地响了起来，我决定趁热打铁。"刚才你们的一番刀光剑影，真是精彩，最后的冠军是——"我故意拖长了声音，大家齐刷刷地把目光投向小葛，小葛接受着众人投来的艳羡。"那让我们掌声有请冠军闪亮登场吧！"我带头鼓起了掌，小葛在掌声中半推半就地来到讲台前。我拿起小葛的竹节人，边看边发出啧啧赞叹："小葛，你真行。大家来说说，小葛的竹节人妙在何处？"同学们七嘴八舌地说起来："它用的材质特别酷，又轻便又耐造。""打磨得很精细，肯定是专业机器。"……小葛一边听，一边时不时眉飞色舞地插上两句注释。这既是一段竹节人的制作和使用说明，更是一段发自肺腑的对家长、老师的深情告白：他会思考，他爱制作，他爱游戏；他们爱这样的学习旅程，他们爱这样的课间时光。欢畅仿佛在每个角落汩汩流淌。

孩子们的智慧无穷，有的是无尽的想象力和创造力。一个并不鲜见的传统玩具，一段亲手制作、打磨玩具的过程，一场伙伴间精彩的对决时光，就让一群少年的脸上有了朝气。集团总校长赵建华曾说："没有生动有趣的活动，就没有童年，积极打造'童真活动'样态，才能实现'共生'。"

以传统游戏为抓手，老师、家长和孩子们一起做起来、跑起来、玩起来，才能在学习生活的闲暇时光中乐起来。我拿起久违的针线，缝制了沙包，在传统的基础上稍微花了点小巧思，有饺子状的，有花朵状的，有福袋状的，最复杂的是一个卫星状的，我想象着孩子们拿到沙包时的模样，手中的针线也变得欢快起来。当我变魔术般地拿出沙包作为奖品时，孩子们发出尖叫，课间操场上的风景流淌起来了。我按下手机快门，孩子们的灿烂印刻在屏幕上，也映照在心间。

我把照片发到班级群里，同时发送了一则信息：亲爱的家长们，您还记得您童年时最爱的一款玩具吗？您还记得它曾经给你带来的快乐吗？将这份快乐和您的孩子一起复刻出来吧，让孩子们走近我们的童年时光。信息刚发出去不久，群里就"叮叮咚咚"地响成一片，曾经也是孩子的一群家长，在群里发出年代久远的图片、照片、实物，大家七嘴八舌地分享着回忆中的美好。

没过几天，孩子们就带来了各式"祖传"玩具，小树杈和橡胶皮组合成的弹弓，香烟盒折成的"响炮"，经过精心打磨的竹蜻蜓……大课间铃声一响，孩子们便呼朋引伴地玩开了。操场上、教室前的空地上，沙包在空中划出一道道弧线；用手接、用头顶，毽子在空中翻飞；纸飞机乘风而起，滑翔、盘旋、降落；旋转的陀螺，时而跳着华尔兹，时而东倒西歪，怎一个"乐"字了得？孩子们自己做出来的传统玩具俘获了缤纷的童年时光，有爱的陪玩让我们捡拾起久违的课间欢乐时光。

"我们的陪伴不应该是'线性陪伴'，不应该是'单向陪伴'，不应该是'平面陪伴'，而是全方位、立体式、交互式陪伴。"集团总校长赵建华曾在"建华伴读100秒"中这样说过。老师和家长的参与会调动孩子的积极性，但适时"抽身"，用问题激发创新，传统游戏就能不拘泥于基础玩法。"孩子们，这皮筋的跳法让我眼花缭乱，能想个好办法让我看明白吗？"第二天，孩子们用笔勾画出了示意图，用橡皮泥捏出全套动作流程，有高手甚至做了电脑动图，让人一目了然。"这些传统的玩法，对于周老师来说是小菜一碟，能不能挑战一下高难度？"于是孩子们策划了"高手在民间，创新等你来"传统游戏创想会，从方案策划，到海报设计、场地布置、活动组织，他们乐在其中。

游艺会"炸"出了一群小小设计师，有"1+N"组合版竹蜻蜓，在空中超时长自由盘旋；当中国象棋遇上七巧板，棋盘就变得妙趣横生；纸翻花在计算机模型的演绎下变幻无穷，光彩夺目；废旧键盘再利用，造出了当代版的活字印刷机……自信、欢乐填满了孩子们的日常。老师的引导，家长的加盟，同伴的互动，释放了孩子的天性，拓宽了活动的时空，他们的生活从一个个小小的、冰冷的屏幕里被打捞上来，在传统游戏中获得了认可和自然而然的亲近。

连环锁、华容道、几尺皮筋、几根花绳……传统游戏好好玩，孩子们也在好好玩。最真的教育在游戏中、在生活里，和孩子一起创造好好玩的校园游戏生态，拓宽师生、生生之间沟通交流的场域，弥补教育的断点和盲点，定能收获温暖的成长时光。

"心"花朵朵开

陈 婷

在校园的青葱岁月里,每一个孩子都怀揣着梦想与憧憬前行,但成长的道路并非总是一帆风顺,心理的阴霾有时也会悄然笼罩。而在我们的班级中,有这样一群特别的"心理小先生",他们用温暖与智慧,伴行在那些被心理问题困扰的同学身旁。于是,"心"花朵朵开,芬芳弥漫了整个班级。

那是一个平常的午后,阳光透过斑驳的树叶洒在校园的小径上。午读课后,我回到办公室开始批改默写本。"叮叮……"熟悉的微信声响起,我拿起手机,是磊磊的外婆给我发的信息。

"陈老师,你好!这小子我是越来越管不住了,每天回家把房门一关,在里面打游戏,就是不写作业。我命都快没了,你以后有事就找他爸爸,实在不行,就把这孩子送到少林寺去吧。"

这样的消息,这学期磊磊的外婆几乎每周都会给我发一条,特别是周末。文字里满是老人家的力不从心。

新的一周,我又和以往一样,把磊磊拉在身边,盯着他,看着他把作业都补好。进入六年级了,随着教学进度的加快,总这样下去也不是办法,我有些不知所措。直到周四下午的一个大课间,他和同学之间的一段小插曲让我突然有了头绪。

下午大课间,应该是他到我这里"开小灶"的时间,久等他没来,我便去教室找他。

一进教室,刚想大喊他的名字,却看到他不在座位上。眼神绕过教室里三五成群的孩子们,定格在小宇的座位边。只见他那儿围着两三圈人，磊磊个子小挤不进去，只能趴在前面两个人的背上，硬是把头塞进前面两个人中间的缝隙里。小宇似乎在说些什么，磊磊头一下一下地点着。我快步走上去，原来是在看关于武器百科的书，小宇讲得眉飞色舞，磊磊听得如痴如醉，还不时地提问，小宇倒也是乐得回答。

"我们成人，能从儿童身上汲取到自己儿童时代体会不到的美好与纯真，儿童何尝不是成人之师、成人之父呢？"回到办公室，教室里的那一幕一直在我脑海里：也许，孩子之间更好沟通。

我找来小宇，他是班上"心理小先生"队伍里最为热心的。向他说明了情况后，只见小宇略作思考，便询问能否找人一同帮忙，看样子他心里已经有了计划。我对他很放心，便把这件事全权交给他，还鼓励说相信他们一定可以做好，小宇也爽快地应下了。

几个课间，被作业绊住脚步的我索性就在教室里继续批改作业。磊磊的座位在批改桌的对面，我刚在那坐下，就见他起身准备离开。他先是迅速地收拾起手上的东西，动作很是利落，接着便往教室的另一头走去。

我不禁好奇起来，顺着他走的方向望去，只见月月正坐在那边，眼神犀利地盯着磊磊。不止月月在，小辰也在，小辰可是班上数学成绩最为优异的小伙子。看到这阵仗，我不禁笑着调侃磊磊："你这架势可不简单呀！背后仿佛有一个助力团队呢，看样子是要奋起直追啦。"磊磊似乎也有些不好意思，笑着挠了挠自己的后脑勺。

把孩子当作真正的人来养育，孩子会回报你更多的惊喜。磊磊带来的惊喜是在那一节语文课上。

"谁来说说，对这句话是怎么理解的？"问题一抛出，教室里瞬间安静下来，大家都在思考，片刻后，角落里竟缓缓举起一只手。我定睛一看，竟是磊磊举了手，这可让我有些意外，毕竟以往他可很少有这样的积极表现。

只见他不紧不慢地站起身来，神色镇定，回答问题时条理清晰、有理有据，那模样仿佛换了个人似的。话音刚落，教室里便自发地响

起了热烈的掌声,这掌声饱含着真心与认可,在教室里回荡着。我又惊又喜,为磊磊的改变而惊喜,也被孩子们这纯真又温暖的举动深深感动着。

课后,我把小宇和月月叫到一旁,满心好奇地想知道他们究竟是怎么让磊磊有如此转变的。要知道,之前一个多月来,他在课堂上经常趴在桌上睡觉,对学习毫无兴趣的样子。

小宇见我一脸探究的神情,先是调皮地朝我眨眨眼,似乎还想逗逗我,我见状便故意板起脸,小宇这才收敛了玩笑的神色。他转身从磊磊的桌上拿起一张纸递给我。我打开一看,原来他们提前把我语文课上可能会问到的问题都仔细梳理了一遍,然后给他写好答案,让他照着回答。

我一脸惊讶,还没等我开口询问,小宇说道:"陈老师,您也是真配合呀,居然还真让我们猜中了一题呢,哈哈哈哈……"说罢,他和月月都笑得格外爽朗。

或许是这节语文课带给他们几个的成就感,第二天小宇把一张计划表交给我,上面清清楚楚地写着对磊磊的帮扶举措。细心的小宇还给磊磊新买了一本作业记录本,上面已经把这两周的三科的分层作业清单都贴好、标注好。

随后的一周,我时常能看到月月、小宇、小辰几个人课间在教室里穿梭忙碌的身影。他们或是凑在一起低声商讨着什么,或是拿着书本资料耐心地给磊磊讲解着,每个人的脸上都带着专注与认真。

一天中午,办公室里原本安静的氛围被小唐老师的一声大喊打破:"陈老师,陈老师,磊磊今儿交作业了,而且全部都写了,连后面没要求他做的部分都完成了呢。"我听闻,赶忙去翻那堆还没改完的语文练习,果不其然,语文作业也交上来了,确实是满满当当,全部都做了。我拿起红笔,在磊磊的语文本上,批了一个特别大的"优★"。

每一次展示,都是一场华丽的蜕变,都是一种美好的发现,都是一首动人的诗篇。就这样,磊磊在"心理小先生"的帮助下,拔节成长。他是幸运的，因为身边有这样一群善良的伙伴一路陪伴；他也是快乐的，因为如今的他也是班级"心理小先生"队伍里的一员，和其他小伙伴一样，成为守护心灵的使者。

上学期的年级篮球赛，我们班在最后一场比赛中以 2 分之差惜败，惨遭淘汰。从那天起，班上的同学干什么都是垂头丧气的，那几天的班级，死气沉沉。磊磊急在心里。他把这件事默默地记在了"班级晴雨表"上，并在周三培训会后，交给了校区心理老师丁老师。没想到，第二天丁老师专门到班上开展了一次"流浪纸飞机"的团体解压活动，在来回翻飞的纸飞机中，同学们互读想法和感受，通过沟通和协商，班级里再次出现欢声笑语。

丁老师拉着磊磊，对全班说："你们的快乐回来了，要感谢的是你们班的这位'心理小先生'。"磊磊高兴极了！

还是那个阳光明媚的午后，我第一次看到眼里有光的磊磊，笑得真好看！

"心理小先生"用他们的行动诠释了伴行的力量，伴行让他们成为彼此心灵的依靠。在班级这座百花园里，朵朵"心"花相伴怒放！

当"漂流"开出花

杜云云

校园的楼道上,一块黄得耀眼的橘子皮静静地躺在那里,格外扎眼。"唉,今天中午又吃橘子了。"我们弯腰捡起地上的橘子皮,不由得抱怨几句。橘子,竟成了最困扰我们学生指导中心的事。

"橘子皮捡是捡不完的,要想办法。"和我们同行的集团总校长赵建华若有所思。

"要想办法。"对呀,已有的方法不行,说明方式不对,我们应该要重新想正确的方法,学生指导中心的老师们围在一起,讨论着怎么来解决乱扔橘子皮的问题。

赵校长在"建华伴读 100 秒"里说过:"管理需要智慧。从约束和管教的'堵'的思维,转变为从教育本质出发,思考'疏'的方法,能解决屡禁不止的难题。我们不应把纪律仅仅看成教育的手段,纪律是教育过程的结果。"

垃圾是放错了地方的财富,我们可以引导他们认识到橘子皮是宝贝,让橘子皮"有用"起来,他们会不会就舍不得扔了呢?我们一拍即合,"橘子皮大变身计划"应运而生。我们从陈皮的做法及功效说开去,邀请学生成为这项计划的一员,孩子们一下子从"扔橘子皮的人"变身"满校园找橘子皮的人",而后又成为"晾晒橘子皮的人""品尝橘子皮的人"……学生一传十、十传百,一时间橘子皮倒真成了校园里的宝贝,几个学生还沮丧地跑来说:"他们都知道我们捡橘子皮要干什么,都不扔了。"

"有一句话:'办法总比困难多。'最近,星湖校区管理团队处理

'橘子皮乱丢'事情告诉我们,管理是要讲艺术的,换一个角度去思考,就是一种创意。"赵校长在"建华伴读100秒"中推荐了我们的做法,让更多的老师也学会转变管理思路。

因为有了赵校长的推荐,更多的班主任老师在管理学生时有了启发和思考。张老师是集团新进的一位年轻班主任,刚接手一个一年级的班级,如何管理40多个吵闹又调皮的孩子,成了他最头疼的问题。还没到一个月,他一个大男孩嗓子都哑了,但就是不见效果,后来他看了赵校长的"建华伴读100秒"中推荐的"橘子皮的故事",开始转变思路,课间组织学生玩起了他们爱玩的游戏,老师从"管理"的角色,变成了玩的"伙伴",小朋友们个个都很开心,一下课就围在一起看张老师和同学对战围棋、跳绳、猜谜。

班主任与学生是班级共同体中平等的存在,不能简单地定义为知识的灌输者、行为的约束者,他们在与学生相处的过程中发挥着无可替代的"精神指导"和人格引领的作用。班主任常常疲于教室卫生、作业收缴、处理纠纷……效果不明显不说,老师也苦不堪言。在班级管理中,老师们特别需要有"要想办法"的意识,思考班级管理的本质、思考教育的本质,学会放慢节奏,懂得观察思考,时常审视自己,确定努力方向,然后不断寻找,真正关注个体的发展和管理艺术的最优策略。

"橘子皮的故事"影响了张老师,张老师的分享也引起更多老师的思考,我们动员班主任们把管理智慧写成小故事,在校园里"漂流"起来,就像"建华伴读100秒"一样,让更多老师看到,原来老师们遇到的问题可以有那么多的解决办法。于是,星湖校区第一期"亮眼睛,让善更美"德育微故事"漂流"项目诞生了!

第一期的微故事就是"橘子皮大变身",张老师接过了"漂流"的接力棒,将他转变班级管理思路,和学生一起玩的小故事记录下来;冯老师受张老师故事的启发,写下了《用魔法打败魔法》,讲了她如何和班级特殊儿童相处的艺术……这样的微故事"漂流"我们给它起名为"亮眼睛,让善更美,润心行动之德育微故事'漂流'",至今已经"漂流"了69期,收到班主任老师德育微故事200多篇。

"'师也者,教之以事而喻诸德也。'(《礼记·文王世子》)这句话的意思是:老师,不仅要教会学生'谋事之才',更要让学生懂得'立世之德'。本周德育微故事'漂流',来自二(4)班孙燕老师。祝大家周末愉快!"

每周五,校区班主任管理群里就会有这样的一段文字,配以老师们撰写的德育微故事,供所有老师阅读。老师们从忙碌中,开始有意识地观察起来、记录起来,对自己的班级管理和育人理念有所觉察,有意识地关照自己的管理行为和方法。他们在写作中梳理自己的教育主张,总结自己的育人收获;在阅读中回望与审思自己的教育行为,明辨自己处理问题的思路。

当遇到相同的问题时,每一个老师处理问题的方式和角度都有不同,在故事"漂流"中,他们进行着无声的交流和碰撞,老师们在应对各种问题的时候,也就多了一些思考和可能。蔡老师说:"我阅读了老师们的故事,关注着班上的一位转学生,有了一些转变我就会记录下来。"提交故事时,她又说:"孩子的转变还没有那么明显,有了一点进步和改变我就会记录下来。我的文字虽然朴实无华,但每一个字都是我最真切的思考和收获。"

班主任的工作没有那么惊天动地,就是在朴实无华中关注着生命的成长,就是在不断尝试中,找到适合不同儿童的成长路径。

一个故事,就是一段陪伴成长的心路历程。

"漂流"共享,就是一次精神交往的心灵对话。

四野之下,百花齐放,绚烂的色彩明亮得仿佛散发着光芒。就这样,德育微故事"漂流",在星湖的校园里开出了一朵又一朵明媚绚烂、馥郁芬芳的花朵,讲述着一个又一个动人乐章。

第六章

研训伴行：弦歌不辍，芳华待灼

"弦歌不辍"出自《庄子·秋水》，"芳华待灼"与其创新组合，意思是在坚守教育本真的同时，静待生命的绚烂绽放。在促进教师发展方面，不仅要强化基本功，还要激发教师持续成长的动力，实现专业生命的诗意绽放与教育情怀的永恒传递。

星河璀璨，伴行致远；寸积铢累，研训流光。在这里，教师培养有着守正、传承、开放、进取的团队氛围，努力抵达"养灿烂精神"的美好愿景。在这里，每一位老师都是激活个体能量、灵活快速行动的自组织，他们在团队中成就每一位，找到自己与他人共生的发展之路。

我们追求伴行中研训，让每一位老师"不用扬鞭自奋蹄"。走过集团化办学3.0，从"1+N"爱好共同体微项目团队，到"1+N"学习共同体，再到如今"各美其美，美美与共"的"1+N"发展共同体：班主任研修营、名师蝶变营、学科研究营、青年教师成长营……这些富有创意的教师发展共同体，让每一位老师彼此关联、相互伴行在各自的课堂，感受着不同学科的独特魅力，一起分享教学中的喜悦与困惑，共同探讨解决问题的方法。在这百花齐放的童真园中，我们见证着每个同行者的成长与进步，让自己更加坚定前行的步伐。

我们追求伴行中研训，让每一个团队拥有为他人着想的善良。心存期望殷殷，目有繁星点点，奉献是常态，托举最动人心。无论是带班还是教学，总能看到以老带新、悉心指导的身影，一言一行都是示范，举手投足总是榜样。一人登台，团队作战，每一次的成功背后，一定是集体智慧的结晶，每一次的收获里都包含着团队的辛勤劳动。大家如同紧紧相依相伴的树，你摇动着我，我摇动着你，在教育的田野上孕育希望，用爱与智慧照亮彼此的前程。

伴行，让我们因实在而显得安静，因精致而激发追求，因精品而指向谦逊。我们快乐地一起向未来：一个不能少，人人参与，个个重要；一步不落下，心中有数，把握节奏；一项不能漏，人事时空，团队向前。

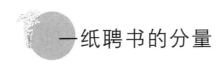
一纸聘书的分量

严亚雄

2023年,我得到一张特别的聘书,成为实小集团名师蝶变营领衔人。

接过聘书的那一刻,内心很没底——这里,会遇见"尺码相同"的他或她吗?会听见或看到怦然心动的教育瞬间吗?最重要的是,我能带领团队成员一起走进教育蝶变的诗意远方吗?

当我想到"伴行"二字,所有的忐忑都化为了笃定:"是的,我可以,我们可以共同编织成长的故事。"

启程:沐初心,致未来

那是一个草长莺飞的春日,我站在半肯厅门口,迎接着来自不同校区的优秀成员。他们带着对教育的热爱和对成长的渴望,踏入了这个充满可能性的空间。我微笑着,向他们伸出手:"欢迎加入名师蝶变营,在这里,我们将并肩探索教育的奥秘,在相互陪伴中共同成长。"

我说,和优秀的人同行,很重要,很幸福。跟随什么样的人就会成为什么样的人。优秀的人,谈的是成长,说的是向上,感受到的是情怀,得到的是力量。与"尺码相同者"并肩,更是人生一大幸事。求学时,我们与趣味相投者为友;恋爱时,渴望与灵魂契合者相伴;工作后,同样期盼与志同道合者同行。伯牙与子期的高山流水之情令人神往,我们虽难企及,但始终在追寻。

"你们是否也曾有过和不同人聊天,聊着聊着就不想聊了的经历?"

大家点头表示认可:"因为认知不在一个频道,精神世界在两个空间。"

营员黄鑫老师感慨道:"感激学校给予的成长契机,虽已过不惑之年,仍对新的发展充满期待。'蝶变'一词深深吸引着我,如同蚕蛹化蝶的震撼,我为蜕变而来。回顾过往,我们皆有成绩;展望未来,我们定能在蝶变中绽放光彩。"

有一首诗这样说:"树林美丽,幽暗而深邃;但我有诺言尚待实现,还要奔行百里方可沉睡。"我特别庆幸,能够和成员们一同前行,因为他们足够优秀,因为我们"尺码相同"。于是,我确信,我们可以一起成长得更好!

也许,这就是"伴行"的力量。

探索:燃激情,逐梦想

从国家战略的高度审视,教育、科技与人才是现代化建设的关键支撑,小学教育更是国运兴衰的重要环节。面临瞬息万变的时代,如何在传统与现代间开辟新径,我们需要付出努力。而成长有一个重要前提,那就是内心里积攒的对成长的热爱和坚定,以及真诚。以这样的态度对待我们的每一天,才能永葆初心,坚持自我,活得潇洒自在又光芒万丈。

我说,在成长的道路上,激情是最好的燃料。优秀的教育者,心中有火,眼中有光。当我们对教育充满激情,每堂课都将是精彩的演出,每个学生都是宝藏。

课堂是名师成长的舞台。我们的成员来自不同校区,有着不同的学科背景,这为成长增添了丰富色彩。每月的跨学科听课活动,不仅是知识的交融,更是温暖的伴行。踏入俞漪老师的语文课堂,如置身诗意画卷,那是心灵的滋养之所。我们一起感受语言魅力,领悟细腻情感,汲取教学智慧,思索如何引导学生更好地表达与思考。走进顾浩月、郁丽艳老师的数学课堂,严谨逻辑令人折服。我们共同探索数字图形奥秘，体会理性思维力量，并反思如何将其融入教学，培育学生科学精神。蒋小春老师的信息技术课堂似通往未来之窗，代码如神奇钥匙开启无限可能。我们共探数字世界奇妙，感受科技魅力，思考学科融合之道，为教学注入创新活力。其他学科的课堂同样各具风采，马震圣老师的科学课堂充满奇妙探索，朱琳老师的道德与法治课堂蕴含哲思与温暖……

和这样一群充满教学激情的人同行，很重要，很幸福。我们在不同课堂相互伴行，领略学科独特魅力，分享教学喜乐与困惑，共商解决之策，彼此激励，携手迈向教育新境界。成员的热情也感染着我，让我在疲惫时重新振作，迷茫时找到方向。当我们一起为了教育的梦想而奋斗时，那种力量是无穷的。

和这群勇于逐梦的人并肩，很重要，很幸福。在名师蝶变营里，我们都是追梦者，怀揣着对教育的热爱和对学生的期望，相互支持，一起追逐那属于我们的教育梦想。每一次活动，我都能从大家的眼神中看到坚定和期待。在这条逐梦的道路上，我们并不孤单。有彼此的陪伴，我们可以走得更远，飞得更高。

也许，这就是"伴行"的魅力。

绽放：展风采，谱华章

秋日苍穹，澄澈高远，恰如我们在名师蝶变营中绽放的光彩。

每个人都是独一无二的，都有自己的闪光点。我鼓励每个成员勇于展示属于自己的风采。当蒋小春成为江苏省网络名师工作室主持人、周平健获评"南通市'1115工程'卓越教师"称号、黄鑫获评南通市赛课一等奖、俞漪获大市教研员肯定……他们的成就激励了大家，大家因此更加坚定了自己前行的步伐。

在这里，我们互相鼓励、由衷赞美，每个人的闪光点在这里得到最大限度的展示。他们的勇气也激励着彼此，让我们突破自我，超越极限。

如果说，教育似宏伟乐章，那我们皆为创作者。在名师蝶变营里，我们以爱与责任、智慧与汗水，谱写我们的专属华章。每一个精彩瞬间、深刻感悟，都是最美音符。大家自豪喜悦，因为我们知道，有彼此陪伴，我们可以绽放最美的自我，还可以创造出更加辉煌的未来。

也许，这就是"伴行"的价值。

我的赛课之路

邱 天

2018年，我从如皋市石庄镇石庄小学考入南通经济技术开发区能达小学。六年来，我就好似一滴水融入了澎湃的海洋，在风的托举里、浪的激荡中，磨炼了专业胆量，锤炼了专业功夫，淬炼了专业智慧，先后获得南通市"领航杯"信息化教学优质课大赛一等奖和江苏省"领航杯"信息化教学优质课大赛特等奖。

还记得2022年的一天，一个阳光明媚的日子。我正利用晨读时间带领学生读书，主抓语文教学的吴主任突然出现在我的面前。"今年的'领航杯'信息化教学优质课大赛由你代表学校来参赛，"她眼中含着笑意，"好好准备，抓住机会。"突然间听到这个消息，我却不敢相信这是真的。"只要给我一方舞台，我就要让自己的生命灿烂多彩！"这是我埋藏在心中的座右铭。对于这个机会，我更不会让它从自己的手中悄然溜走。

我精心挑选了适合自身风格的课题——《美丽的小兴安岭》。万事开头难，什么是信息化教学？这个问题一开始就像一座大山把我难住了。对于一个语文老师来说，常规的语文课我会上，但将信息化融入教学的语文课我却不知道怎么上。就在我百思不得其解、一筹莫展的时候，陈主任就像及时雨一般出现了，她告诉我："一堂课的精髓就是那些别人无法模仿的东西，朗诵可以模仿，处理字句可以模仿，结构可以模仿，煽情可以模仿，开头结尾的方式可以模仿，但对文本认识的高度，以及在拥有相当知识背景的前提下选择的切入点是无法模仿的。"原来，课堂的精彩来源于教师背后深厚的文化底蕴。

能达校区主管教学的殷校长为我组建了备课团队，在备课组的帮助下，我不断打磨，一遍遍试讲，一次次耐心倾听别人的意见，试讲，修改，再试再改，反反复复，几易其稿。老师们帮我一句一句推敲，我也一句一句思考，大到教学环节，小到一个过渡句的说法，事无巨细大家都倾力帮忙。为了在课堂上能够运筹帷幄，我备教材，备自己，又备学生；为了训练自己思维的灵活性，我请才上幼儿园小班的小表妹给我当学生，我们俩面对面坐在床上，我像在课堂上一样认真，小表妹也像学生一样专注。我用自己的努力获得了全区第一名，代表区参加市赛。

那一段日子，我不仅要准备赛课，还要上好班里的课，压力特别大。但对我来说，越是在逆境中我越能扬起前进的风帆，我要用实践证明自己。终于，我如愿以偿地站在南通市"领航杯"信息化教学优质课大赛的赛场上，那一个小小的细节让我无论何时想起，总会有一种温馨的感觉弥漫在心头。该我上课了，我一个人站在教室外面平静一下心情，对课堂环节做最后一次梳理。集团总校长赵建华轻轻走到我的跟前，附在我耳边说："市赛的黑板比之前区赛的黑板要更长更宽，怕你板书时影响了字的美观，我刚刚找了间教室，你赛前再练练，放宽心，相信自己。"

"放宽心，相信自己！"那温润的话语惊得我转身，凝视，点头，感动。浸润在这深深的感动中，我走上了讲台……

《美丽的小兴安岭》，我无数次用心感受的小兴安岭用它四季的诱人美景为我荡开了所有漂浮在眼前的浊物，天开地阔中我又一次拥抱了成功，在老师们热烈的掌声里我又一次得到了南通市"领航杯"信息化教学优质课大赛一等奖第一名，拿到了全市唯一一张参加江苏省"领航杯"信息化教学优质课大赛的入场券。

2022年，江苏省"领航杯"信息化教学优质课大赛南通分赛在如皋市实验小学开赛，当时正值新冠疫情防控期间，比赛采用现场直播方式。在分赛场的教室里，连线直播之前，我紧张万分，但是看到校领导向我投来信任的目光，我忐忑不安的心终于慢慢平静，感受到了支持的力量。最终，我以《美丽的小兴安岭》震撼了全场，获得了小学语文组特等奖的好成绩。

　　在很多人看来，我成功了，因为我终于实现了自己的梦想——在语文教学的舞台上拥有了一方属于自己的天地。那一阵，我被包围在鲜花和掌声中，但我清醒地知道，"一花不是春，独木难成林"，这一节成功的课，是集体智慧的结晶，每一次的收获里都包含着许多老师辛勤的付出，我是被大家的智慧抬起来的。我像是一个被大家牵在手中蹒跚学步的婴儿，在大家的帮助下完成了由爬行到直立行走的转变。

　　这一次小小的成功激励着我迈出更大的步伐。我渴望独立行走，渴望走得又快又稳。我知道，这小小的成就还算不上真正的跨越，长路漫漫，我很高兴又站在了新的起点上。

以画为韵，相伴成长

刘若晖

依然记得，2023年11月22日，我用微微颤抖的声音，向在场的来宾表示感谢时，我的心情是紧张的，心里是暖暖的。这一天，我在南通市个簃艺术馆举办了题为"与时舒卷"的个人中国画作品展。非常有幸能邀请到实小集团的领导和同事一起参加，他们见证了我这一路的成长，是我的引路人，也是一路同行的伙伴。

集团总校长赵建华说："每一个阶段，都是一个驿站。"创作的历练是一种自我艺术素养的成长，教师的成长之路上，离不开团队的滋养与同行者的扶持。在美术学科研究营里学习磨砺的时光就是我的驿站，与伙伴们结伴而行的每一次活动、每一次公开课都是新的成长与磨砺，这些经历如同我们共同绘制的画卷，是大家共同执笔绘就的独家记忆。

一

我的师父李萍主任，也是美术学科研究营的领衔人，她就像没骨画中有意隐没的线条，虽没有夺目色彩，却起到了不可忽视的主心骨的作用。

记忆中我入职以来最崩溃的时间，就是第一次参加南通市小巧手比赛的时候。那是我第一次接触服装设计项目，面对这一难题我四处寻找资料，也买了各种各样的材料，可每一次服装设计的效果都不尽如人意，甚至可以用丑来形容。我被自己固有的思想困住，仿佛置身于一间小黑屋，敲遍了四周却依然找不到门。一次又一次的赛程汇报会议上,当我依旧毫无进展,没有可以汇报的内容时,无形的压力击垮了我并不顽强的内心,退缩的念头一次又一次萌生。这时,师父给我打了通电话说:"晖,别担心,我和你一起弄!"手足无措的我好像获得了解药一般,重整旗鼓。我们相约一起逛南方批发市场寻找灵感,在大大小小的商品铺子里穿梭,眼尖的师父总能发现"宝藏",不仅价格美丽,也更加适合给孩子们制作衣服。那些平时看上去平平无奇的蒲草、蒸笼垫,在师父的手里居然真的做出了具有时尚美感的衣服。这段历程我每每想起都历历在目,我焦躁的窘迫和师父温暖坚定的话语,让我在面对困难时有了新的认知与理解。

师父总是以她的方式在我成长过程中一路指引相伴,她用丰富的经历默默托举着我,托举着我们,在我们最需要的时候给予最无私的帮助。

二

研究营里的每一位美术老师都有着各自的专长,有的擅讲,有的能画,有的富有巧思……就像没骨画中的"撞水""撞粉"法,水与色、色与粉相互碰撞融合,在画面中形成了笔法无法达到的特殊肌理效果,极大地丰富了作品的表现力与艺术韵味。每当有老师要上公开课,大家都会拧成一股绳,围坐在一起出谋划策,共同帮助上课的老师直面挑战,展现风采。

记得我参加 2023 年市级优课评比,上的是《珍爱国宝——古代的青铜艺术》一课。这是一节高年级的欣赏课,不同于以往的课堂模式,课堂既要融入大量的图片赏析,讲解青铜器知识,同时也要保留课堂的趣味性和艺术性,符合小学生的学习特点。因此,本节课在教具的设计上就要手工制作出六个半米高左右的仿真青铜器,以达到模拟博物馆的沉浸式体验学习的效果。何老师平日里爱做一些飞机、坦克等模型,他建议我青铜器的内核就选择普通的快递纸盒子,用不同大小的纸盒拼接完初步造型后再用硬卡纸塑造外形。宋老师和徐老师非常有耐心,两人互相配合在器皿上一层一层细心地裹上纸浆,遮盖住纸盒原本的颜色,并制造出青铜器粗糙的肌理质感。待"青铜器们"风干后,华老师帮忙用喷漆上色。为了达到逼真的效果,几位老师合力在器皿上涂上青铜器氧化的做旧颜色。可以说单单教具的制作流程就已经极其繁杂。当然这节课在教具、教案、课件等很多方面都融入了研究营里老师们的智慧与巧思。

　　大家在一起为了呈现最好的效果而不断地进行思想碰撞,缤纷的色彩在水中相融,碰撞出绚烂的色彩效果。当顺利完成比赛的一刹那,当聚光灯照射着玻璃罩内熠熠放光的青铜器时,我知道,这份荣誉属于我们每一个人,因为"我们一直在你身边"。

三

　　除了上课,学校里大大小小的活动总少不了我们美术老师的身影。

　　2023年4月,学校承办江苏省校长管理思想研讨活动,我们在校园大厅举办了"春天有'画'说"画展,老师们各司其职,设计展览样式、搭建背景板、布置展厅、粘贴画作,莫奈的《睡莲》与孩子们多彩的笔触相互映衬,在深深浅浅的绿色中烘托出春意,来校参观的嘉宾纷纷驻足欣赏;一年一度的迎新春社团展览,美术老师们更是别出心裁地设计不同主题的社团展览形式,有江南水乡,有红色城墙,还有摊位集市,等等,齐心协力将每个老师所带社团的成果以最好的样貌呈现;为申报江苏省艺术校园,老师们加班加点整理已有的美术作品并进行修复和完善,在校园的水池、大厅、长廊、过道等数十个位置布置展览,可以说移步换展,展展精彩……

　　虽然过程是辛苦的,但是收获的喜悦和团队的温暖是无限的,此时的我们如同莫兰迪色调般和谐凝聚,心连着心,这是相伴的力量。

　　因为有师父的陪伴,我不再畏难,学会勇敢面对挑战;因为有伙伴的支持,我在赛课中取得了南通市一等奖第一名的好成绩;因为我们心连着心,我们创造出更多绚丽的精彩瞬间。这幅我们共同绘制的画卷,记录着我们的汗水与欢笑,也见证着我们的成长与蜕变。

总在我左右

赵沈艺

那是一个平常的夜晚,我的手机突然亮了,屏幕上亮出一行字:"你最近好吗?我觉得你不怎么快乐。"窗外,夜色正浓,初春的玉兰花在枝头勾勒出飞鸟的剪影,散逸着清雅的芬芳。

那时候,我坐在偌大的办公室里,灯光下,我一个人。瞬间,百感交集,有感动,也有怅然。感动于我被人看见并被人懂得,怅然于在日常工作琐碎中深陷而无力仰望——我知道,那本就是属于青春的必然和复杂。

信息是师父发给我的。大家对她的印象可用三个字概括:有才华。听说她很会写故事,也会带班级的孩子写故事,他们写小说、童谣,孩子的童谣散落在校园的各个角落,成了校园里一道道美妙的风景。但正因为如此,我对她一直有一种不敢亲近的疏离,只是偶尔在转角处、在操场上,擦肩而过,或是迎面相遇时,我总是客气地微笑或者说"你好"。今天的短信,突然一下子击中了我——原来一直有人在关注,一直有人在陪伴。

在突然而至的温暖中,在空荡无人的空间里,我开始平静并且思考,我的不快乐来自哪里?区级道德与法治课比赛下周就要进行了,对于语文老师来说,如何让道德与法治课脱离语文味,这本身就是一个难题,导致我现在还是一头雾水;这两周又是学校青年教师基本功考核,一向要强的我,多少有点在乎考核的排名;更要命的是班里的小轩骨折了,我觉得是个意外,家长却强硬地认定是故意伤害。在同一时间,专业精进、自我素养和班主任智慧三大方面都向我发起了

"挑战",我应接不暇,又无力解决。

师父说:"你从来不是一个人,你要善于抬头,你会看到身边都是你能够获得的能量。"她的指点,很多时候,不是明确的方法,而是思考的方向。她说:"其实关于班主任之道,'建华伴读 100 秒'里有很多案例。你可以认真读读,看故事本身,也看故事背后的智慧。"

整整两三个小时,我把近一年"建华伴读 100 秒"中的育人故事研读了一遍,进行了自我总结。赵校长在"建华伴读 100 秒"中对于班主任工作的见解明晰而富有见地:共情家长,在利于孩子成长的同一维度思考问题;面对问题,寻求积极的解决路径。有了明确的方向,问题都会迎刃而解。

我又一次踏进了小轩家的门,开门的是他爸爸,以戒备的眼神看了我一眼。我微笑着说:"小轩爸爸,孩子两周没来上课,我来给他补补课。"爸爸的脸色瞬间缓和了一下,有点尴尬地让我进了门。我什么话都没说,拿起书本,把课堂上的内容仔仔细细地给孩子讲了一遍。孩子睁着好奇的眼睛,认真地听着,那一刻,他的眼里满是清澈的天真,多么可爱的孩子。终于,在我连续一周上门补课以后,小轩爸爸说:"赵老师,你太好了,你说的话我们相信,我相信那是一次意外,是我们对于孩子的成长过于焦虑了。"

每一次成长都是青春的磨砺,青春的另一个名字叫作理想,理想既是最终的期待,也是成长的状态。集团总校长赵建华曾在他的"伴行"思想中说过:"伴行就是一种高级赋能,赋的是能量而不是能力,是彼此赋能而不是单项赋能。"青春的那些青涩,总是需要赋能才能褪去,而赋能不是一种被动的等待,对于青年教师来说,更应该是主动的探寻。

我把事情的处理过程和最终结果告诉了师父,并把对于赋能的思考和她进行了分享。我的言语里满是小小的骄傲。师父高兴坏了,眼里满是欣喜,她骄傲地说:"你看,我的眼光不错吧!要知道,你可是我亲自从校长那儿要来的徒弟。"原来师徒的情分,还有"前世今生"的故事，原来从一开始，在师父眼里我就是独一无二、潜力无限的存在。

后来，我主动找了学校道德与法治骨干教师，三番五次地把教案给她修改；与信息技术老师联系，把PPT中简单的插图做成了声色动画；与其他校区的班主任联系，寻求试上的班级。终于，在工作了半年以后，以亲和的教态，以自信的心态，我站在了南通经济技术开发区道德与法治课比赛的讲台上，那一刻，我觉得我的青春又回来了。我记起了初春那个夜晚，在夜色中玉兰展翅欲飞的姿态！

终于，我在学校青年教师的基本功考核中以优异的成绩过关了。再过一个月，我又将走上青年教师基本功展示的舞台，才艺表演、主题演讲、故事讲述、课堂呈现……环节众多，每一个环节都不容易。在偌大的办公室里，在桂花飘香的夜晚，我认真练习，搜集资料。在遇到问题的时候，我会请教师父，和师父一起探讨。在无数个安静的夜晚，我在静默中感受青春的蓬勃和跳动。

有一次，师父也要参加一个融合教育的比赛，其中有一个环节是育人故事的讲述，要求做成PPT，达到声色俱佳的效果。我主动请缨，揽下了这个活。她的故事很动人，我的声音很动听，我只是想用行动告诉她——感谢你，一直在我的左右；其实我，也一直在你的左右。

走，去看最美的风景

唐 蓉

"那时站在讲台上的你还有婴儿肥呢！""你还记得那节课吗？那时我们磨了快一个月。"我无意间发现我们教研组的"QQ成长相册"，瞬间打开了记忆的匣子。5年，1800多个日日夜夜，8个素不相识的女生在实小集团因语文而结缘，从最初的山重水复，到后来的柳暗花明，从在迷茫中摸索，到日益坚定的信念。结伴同行的日子里，我们触摸语文本源，提升教学技能，以思辨教研为帆，以集体备课为能源，以录课共诊为罗盘，在航道上坚定、勇敢、踏实地航行着，大家助人度己，相约去看语文世界里最美的风景。

一

冬日映射进办公室的阳光明媚而又温暖，正如我们的思辨教研。一壶茶，一个疑惑，漫不经心的交谈引发思维的火花实时碰撞。

"老师们，这学期孩子们重点阅读科普书籍，你们打算怎么教学？是让孩子们更多地进行自主阅读，还是我们一个章节一个章节去引导讲解？"

"我们不能忽视学生的自主性，尤其是五年级的孩子。"

"我也觉得。自主阅读能够激发学生的阅读兴趣，培养他们的独立思考能力。每个学生都是独一无二的，他们有着自己的阅读偏好和理解方式。我们的任务是提供一个开放、包容的阅读环境，让学生在其中自由翱翔。"

"可是孩子们首次接触科普书籍，能读懂吗？能读完吗？"

"我也认为,没有教师的引导,学生的阅读可能会停留在表面。"

"我们应该引导学生深入文本,挖掘那些隐藏在字里行间的深意。如果有了我们的阅读讲解,孩子们可以更快地掌握阅读技巧,提升阅读效率。"

"但这样,岂不是牵着孩子们阅读?五年级的孩子不能再如此细致'喂'阅读!"

…………

辩论的高潮来临之际,整个办公室仿佛被一股无形的能量所笼罩,空气中弥漫着一种难以言喻的紧张与期待。大家的声音此起彼伏,如同狂风中的巨浪,一波接一波地涌来,让人心绪澎湃。最终,辩论声引来其他办公室的同人,误以为我们是在吵架而前来制止,这时大家忍不住相视一笑,轻抿一口茶,一一回想总结刚刚思辨的点滴想法,看似疯狂的辩课背后积蓄的是教海中乘风破浪的力量。

"并肩同行,共探教海,让每一次远行都充满力量。"在这五年里,我们共同经历了许多这样难忘的时光。线上线下,无论是夜深人静,抑或是工作间隙,我们总会及时和身边的伙伴分享最新的教学资讯,讨论课堂上的突发情况,甚至一起吐槽工作中的小烦恼。相伴教研,辩证共识,这些看似琐碎的日常交流,却让我们之间的关系更加紧密,也让我们的教学思路更加开阔。

二

在寻找最美风景的旅途中,每一次的课堂教学都是一次新的探险,而录课共诊则如同手中的罗盘,指引着我们不断前行。

踏进尹老师的课堂前,我们细致地做好分工:许老师拍摄教师教学视频,曹老师拍摄学生小组合作视频,王老师拍摄重难点突破教学片段……深入同伴课堂,我们有各自的课堂关注点。录课结束回到办公室后,我们自己回看,那些课堂上的闪光点,如同航海中的路线,我们记录下来,以便在接下来自己的课堂上学以致用;那些课堂上的失误,如同航海中的暗礁,提醒着我们时刻保持警惕。

教材的把握、关键问题的提炼……逐项讨论，一一罗列，对于这些课堂要点，我们通过更充分的备课来逐步完善。而课堂任务单的推进、课堂目标的达成，则需要我们在实践中不断摸索和调整。二次反思修改教案，让其他老师根据调整后的教案再来上这节课，并用手机录下来，课后回看反思，一样的教学内容，不一样的教学收获，"反刍"之中，纠正教海导航方向，提升内在教学能力。

集团总校长赵建华曾说："团队合作是伴行成长的关键。"的确，一人上课，录课共诊，反思再上，复盘回看，我们像一群探险者围坐在篝火旁，分享彼此的发现，反思彼此的不足。我们互相鼓励、互相支持，在成长的道路上携手前行，探索着自己的教学路径，共同诊断课堂，在每一次的尝试中寻找成长的方向。

三

区里的整本书阅读活动要求我们汇报我们年级是如何开展整本书阅读活动的。接到任务的那一刻，我们既有些兴奋，又有些忐忑。兴奋的是，这是一次难得的年级语文展示机会，忐忑的是该怎么去展示我们的阅读成果。我们组的老师们开始回想教学，搜寻资料，记录下自己开展整本书阅读的做法与成果。

集体备课时，我们采用"杯垫记录纸"方法一起分享开展阅读活动中的想法，共同探讨展示活动的方方面面。在海报纸正中心画一个圆，将圆以外部分分为8个纸片。大家先在自己的纸上进行记录，然后进行小组讨论，最后将小组讨论后形成的观点记录在海报纸中心的圆圈中。各自的思想和观点融合、碰撞，最终汇聚在中心的圆圈中，形成集体的智慧，从而共同设计出10份阅读展示任务单。

在组里老师们欣喜而又期待的目光中，我站在台上，向全区的老师介绍我们组一直以来所开展的整本书阅读活动，点点滴滴，涓涓流淌。那一刻，无论是台上的我，还是台下的姐妹们，我们内心都涌动着一股暖流，因为我们知道：畅游在逐梦的教海中，我们并不孤单。因为有彼此的动力补给，我们可以邀游到更广阔的世界里。

集团总校长赵建华曾在"建华伴读100秒"中说过:"我们要做会思考、懂方法、善亲历、能坚持的'伴行者'。"在四季的轮回中,我们8位语文老师,相伴相惜,用我们的知识和爱心,陪伴着孩子们成长。我们相信,教育不仅仅是传授知识,更是传递爱和希望。我们将一直保持着这份对职业的热爱,坚定教育自信,不忘初心,牢记使命,继续寻找语文教学上最美的风景,去体会平凡而又温馨的教育幸福。

在一起，星光斑斓

陆冬妍

"陆老师，您能抽空帮我审阅一下《看图写话》的教案吗？"在前往海门的途中，我的手机突然"叮咚"一响，屏幕上跃然出现一条来自姚老师的消息。她正紧锣密鼓地筹备着区里即将举行的一堂低年级写话展示课，那份急切与期待，透过文字，我感同身受。我毫不犹豫地拿起手机回复："放心，姚老师，我这就帮你看看！"

在教育这条漫漫长路上，姚老师与我，就像两棵紧紧相依的树，你摇动着我，我摇动着你。

姚老师，这位2022年新加入我们实小集团的年轻血液，虽非我正式的徒弟，却因班级相邻、办公室共处的缘分，自然而然地拉近了距离。她毕业于苏州大学，浑身散发着青春的活力与自信的光芒，就像当年的我，初入职场，满怀憧憬，却又略显迷茫。那时的我，也得益于身边同事们的无私帮助，才逐渐找到了自己的方向。如今，看着姚老师踏上这条熟悉的成长之路，我满心欢喜，愿意成为她前行路上的同行者，就像当年那些帮助过我的前辈们一样。集团总校长赵建华在"建华伴读100秒"中说："一位位资深教师以身作则，用智慧和热情，引领年轻教师成长；一个个年轻教师虚心学习，勇于探索，不断在教育实践中锤炼自己。"这种倾囊相传、教学相长的美好图景，正是我们弘扬教育家精神的生动写照。姚老师正是这样的年轻教师，她的勤奋与敬业，让我看到了她对教育事业的热爱与执着，也让我更加坚信，只有用心去做，才能收获饱满的果实。

在回复姚老师的同时，我正在前往海门的路途中。车内昏黄而摇曳的光影中，我打开了教案文档，一字一句仔细研读。每当遇到有灵感的火花，我便立即通过语音发送给她，而姚老师也总是秒回，仿佛我们之间的默契已经超越了言语。我们的交流如同这路上的风景，络绎不绝。一路上，我这边手机的电量一点点下降，能量传递到手机的另一边，映着姚老师渐渐舒展开的眉头。

次日，姚老师试教在即，我手持手机，全程录制了她的课堂。课后，我们并肩坐在办公室，一边回放视频，一边细细剖析。对每一个不流畅的环节进行调整，对评价语言进行润色，直至夜幕降临，我们才携手走出校门。再次踏上前往海门的路途，手机又响起了熟悉的"嘟嘟嘟"，我知道，这是我对姚老师紧张情绪的回应，我们再次模拟演练，直至她心中的忐忑逐渐消散。最终，展示课大获成功，姚老师笑得那么灿烂，我也为她心生喜悦。

作为新手班主任，姚老师每日琐事缠身，但她从未有过怨言。每当她面对班级管理的难题或是与家长沟通的困惑时，我总是耐心相伴，共同寻找解决之道。特别是面对小黄这样的特殊孩子，我们更是倾注了无尽的爱与耐心。姚老师对小黄的关怀与照顾，让我看到了她作为一名教师的责任感与使命感。

小黄是她班上的一个特殊学生，他始终沉浸在自己的世界里，有时会突然说话，突然走到教室前面来，突然闹情绪。而对于老师的问话，他似乎听不见。一开始姚老师真的很焦急，一次次忍住了即将爆发的坏脾气，当她向我请教时，我开始思考怎么办。我不是没有接触过特殊儿童，但没有哪两个特殊儿童是相同的，所以既没有多少现成的经验可以借鉴，也没有操作指南按部就班。集团总校长赵建华曾经在"建华伴读100秒"中说："当孩子心理的创伤需要我们慰藉，当孩子的特殊需求需要我们帮助，当孩子向上时的短暂滑落需要我们托举……为师的我们，应该挺身而出，鼎力相助。这是教师的大爱，这是教育的本态！"在赵校长的话中，我们找到了方向，对于这样的孩子，能给他的只有爱，一份特别的爱。

于是，以她为主，我为辅，两个人开启了漫漫的摸索之旅。我建议姚老师首先要做的是让小黄接纳老师。早上看到小黄进教室,姚老师总会放下手上的工作,和他轻轻问声好。一开始,他头也不转地就走了。姚老师没有放弃,第二天,依然先向他问好,他愣了一下,还是什么也没说就走了。第三天,姚老师依然微笑着走近他,在旁边小朋友的提醒下,他终于含含糊糊地应了一声"老师好"来。就这一声问好,从开学教到现在,我们欣喜地看到变化发生了,在一种自然而然的状态下一点点发生。

后来,我们发现小黄的动手能力薄弱,便建议姚老师给予他更具体的帮助。于是,小黄被安排进了一个特别的学习小组,周围是充满温暖与善意的伙伴。有人帮他捡起满地的纸片,有人帮他整理乱糟糟的桌肚,参加活动时总会有小伙伴关注着他的动向,他不再是孤孤单单的一个人了。他的笑容也越来越多。这种团队协作与互助的精神,不仅帮助了小黄,也让其他孩子学会了关爱与包容。

与姚老师一同探索小黄成长的过程,我深刻体会到:看见孩子,方能见证生命的成长。在这段旅程中,不仅小黄在成长,我和姚老师也在不断地成长。我们的生命因此而更加丰富和深刻,我们的教育之路也因此而更加宽广和光明。

在姚老师身上,我看到了教育的热情与初心,也映照出自己曾经的青涩与成长。我们相互扶持,共同进步,在教育的田野上播种希望,收获成长。姚老师的每一次进步,都是对我最好的鼓舞;而我的每一份经验,也都愿意无私地与她分享。这样的关系,让我们的教育生涯不再孤单,让我们的心灵得到了最深的慰藉。在未来的日子里,我相信,无论风雨,我们都会携手并肩,继续在教育的道路上砥砺前行,用爱与智慧照亮彼此的前程,也照亮孩子们的梦想之路。

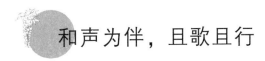
和声为伴，且歌且行

白　净

"和声"指的是由两个或两个以上音符组成的和弦，它们可以创造出多样的音乐风格和丰富的情感表达。音乐因和声而多彩，人因伴行而致远。

2024年8月，是我正式踏上三尺讲台的第八年，也是来到星湖校区的第三年。曾经在教室门口需要深呼吸无数次，对着镜子一遍遍上课，说话都不敢直视学生的老师如今在实小集团这个大家庭的陪伴下逐渐成熟，在"抱团发展"的口号下，我的工作乐章也由原先的单音节转变为更为丰富的旋律，乐章里有关怀、有扶持、有信赖，也有孩子们求知若渴的眼神，在这些和声的铺垫下，向上攀登的风景也愈发绚烂。

一、前辈提携，点亮三尺讲台

曾经，面对公开课，我经常是一个人埋头苦思，摸着石头过河。在星湖校区，遇到了志同道合的同事与导师，"有啥事儿你说。""听课随时喊我。""我能帮你做什么？"关切的话语让深夜的磨课不再孤单，备课时的困惑不再是抛之即来的回旋镖。在一次次的讨论中不断完善教案的框架、表述与呈现方式，就仿佛是乐器演奏时的交相呼应。记得在《波尔卡》的备课过程中，措辞和表达成了我的弱项，无数次的删删减减仍然达不到语言的精练和艺术性，我深刻体会到了"书到用时方恨少"。就在我打算破罐子破摔的时候，胡晓丽老师伸出了援手，用极为凝练的语言使我的教案焕然一新。犹如醍醐灌顶，拨开云雾见光明。同年，我有幸加入了胡老师的工作坊。

旋律的一点一线才能勾勒出宏大的音乐篇章，而胡老师犹如音乐中的翩翩音符，将实小集团音乐骨干们用五线谱串联起来，让青年教师们集合在一起进行思维碰撞。每逢工作室开展研讨会，各个校区的工作室成员都会结合自身的教育实践分享自己的所思所得。胡老师在此不仅是聆听者，也是引路人。在大家讨论遇到瓶颈时总会适时地给予一针见血的引导。例如，在2024年3月份举办的新课标研讨活动中，除了公开课的展示，还需要对改革后如何落地这一问题给出可行的解决方案，但困于过往教育经验，我们难逃新瓶装旧酒的窠臼，给出的想法或无关痛痒，或没有新意，此时，是胡老师结合自身对新课标中大单元的理解向我们阐释了如何在音乐教学中重构自己的教学思路，并且在横向与纵向两个方面都给出了具体的例证。

胡老师的话语在我的心中烙下了深深的印记，研讨会结束后我仍觉意犹未尽。带着老师分享的宝贵经验，我发现已经上过几十遍的《波尔卡》还有更多可以与新课标对应衔接的地方。我开始梳理知识点的脉络，从多层次的角度为孩子们拓展音乐的视角。调整后，我将原先的教案凝练改编为全新的《乐动·波尔卡》。把过往的内容推翻是一件极其不容易的事情，意味着需要走出自己的舒适区，这个过程是一场身体与精神的双重试炼。无数个夜晚，我曾考虑过这样做是否值得，退缩的念头一旦发芽便很难收场。此时，依然是胡老师温柔且坚定的话语在鼓舞着我："这个地方可以再挖得更深一点。""这段的表述可以再调整一下，给孩子们一个互动的空间。"幸运的是，我没有辜负胡晓丽老师的信赖，在2024年6月份的公开课活动中，我将这节全新的课程呈现给了台下的孩子们和旁听的老师们。

二、互相扶持，叩开省赛之门

再华美的乐章也需要人声的铺垫，而童声作为最纯净的声音自是最能扣人心弦。

星湖童声合唱团是我来到星湖校区后领导交到我手上的第一个任

务。如何将一个几乎从零开始的合唱团带到更大的舞台，这是一个挑战。要让起步较晚的合唱团实现弯道超车，实在不是一件简单的事情。那一阵子，除了日常的训练之外，我每天都在苦思冥想的烦闷之中。转机来得很快，集团公众号推出了新年视频大评比，我惊讶地发现胡老师的作品也赫然在列，带着好奇我点开推送，胡老师编排的创意短片脱颖而出，她根据大家的特点编排了一部小短剧，把宫廷剧情换成了教师的工作，虽然不如演员那么专业，但是合适的选角、恰到好处的服饰以及精准的语言给这一短剧增添不少色彩。于是我笨拙地模仿着导师的手法，根据孩子们的特色进行了分类，也拍了我们合唱团第一支小短片，时间不长但是大获好评，合唱团的凝聚力也借着这一次机会有了很好的磨合。我意识到弯道超车的关键或许就在我们更加用心的设计上。胡老师将自己在生活中迸发出的灵感灵活运用在教育实践中的做法深刻地启发了我，于是我在后续的合唱团工作中对孩子们的训练安排、服装造型设计等下了很大的苦功夫，让每一个看到星湖童声合唱团演出的人都能有眼前一亮的感觉。在这一过程中，我们也攒下了不少区内乃至市内的良好口碑。

  日复一日，年复一年，这三年我们一路前行，过程中播撒的汗水、收获的喜悦自不多言。印象最为深刻的一件事发生在 2024 年全省艺术节的合唱比赛中，星湖童声合唱团在一次次严格残酷的比赛中脱颖而出，代表市内最高水平登上省赛的舞台。然而意外总是来得那么突然，比赛前突然被告知，根据文件的要求，钢琴翻谱员只能从参赛队员中挑选。这对于训练了几个月的孩子们无疑是一件残酷的事情，谁会愿意在这个时候从聚光灯下退下来去钢琴边上做一个默默无闻的翻谱员呢？但为了整个节目能够完整且高质量地完成，这又是不得不做出的牺牲。在我们束手无策时，一位叫"糖果"的孩子主动站了出来担此重任。上台前大家都紧张地做着准备，这时候"糖果"偷偷跑过来快速给我塞了一张小纸条，在黑黑的候场区我循着光的方向打开，纸上写着："无论我在哪里，都是团队的一员，只要能为团队做出贡献，一切都值得。"一瞬间我红了眼眶，紧紧攥着纸条，上台、鞠躬，这一刻思绪万千，回忆犹如电影胶片一般在眼前闪现，我深呼吸，双手轻轻搭在钢琴上，随着与指挥的配合，流动的音符回响在音乐剧场，孩子们的声音点亮省赛舞台，那一刻，一切都值得。

　　我相信，这首歌还远未结束。当前奏响起，我们每个人都是彼此的和声。感谢前辈的慷慨解囊，感谢同事与孩子们的支持与信赖，在未来的道路上，让我们和声为伴，且歌且行！

一路书香与共

姚徐赟

"阅读美好，贵在坚持。"伴随着"建华伴读 100 秒"的文字，每天的"星光点点"栏目，如同晨曦中的第一缕阳光，准时出现在了早晨 7：00 的星湖校区全体教师群里。今日的画面，定格在了一群身着棉服的教师的身影上。他们或紧握细麻绳，或手持夹子与作品，忙碌地装点着墙面，将创意与热情倾注于每一寸空间。这是李主任镜头下捕捉的瞬间，也是我们星湖校区星光读书社静态作品展示活动的布置现场。

星光读书社是实小集团星湖校区的教师组织的，经常性开展共读一本书的交流活动，或动态分享，或静态展示。2024 年是我与星光读书社结缘的第三年，也是担任社长的第二年。

静态作品展示活动，如同一场视觉与心灵的盛宴。一幅幅手抄报，色彩斑斓，笔触细腻，勾勒出书中名句的斑斓世界；一篇篇读后感，情真意切，深邃隽永，字句间流露出对书籍的深刻领悟。轻翻书页，智慧如涓涓细流，悄然滋润着我们的心田。为了更好地呈现这些作品，我们决定采取游园会的形式，用夹子将手抄报挂在墙上，形成一道供大家流动观赏的独特风景线。在寻求同事帮助的那一刻，虽心存忐忑，但收获的却是满满的温暖与支持。大家齐心协力，仅用一节课的时间，便完成了烦琐的场地布置。李主任还把这样的画面记录下来，也就有了开始的那一幕。

与读书社结缘是在我最迷茫的时刻。我是 2022 年告别学生时代，踏入星湖校区校门，开启教师生涯的。从受教育者到教育者这一身份的转变,一开始我真的有些茫然,初为人师,又担任班主任,如何去组织管理一个班级,如何平衡好教学工作,如何与学生、家长沟通,如何做一名学生喜欢、家长满意、学校认可的教师……都成了我心中的结。我盲目地从网络上检索各种教学与管理技巧,但品类繁多的方法总是让我眼花缭乱。适逢学校读书社招新,共读书目为苏霍姆林斯基的《给教师的一百条建议》,我便加入了。

最初,我只是活动时一名安静的听众,静静地听着,感受他们的思考,享受每一次活动带给我的思想启迪瞬间。那时的我羡慕他们的自信与从容,心中暗暗发誓要努力追赶。直到我成为读书社社长,才知道每一次活动背后所包含的思考与努力。读书社的分享交流活动,已经形成精品分享加个别交流的固定模式,但如何调动老师们的积极性,保证每位参与活动的老师都能在活动中有所表达、有所收获,成了我们都想突破的一个瓶颈。

当时初出茅庐的我,对于活动策划与人际关系都不擅长,谈及创新更是如履薄冰,满心困惑。于是,我怀揣着求知之心,向其他校区的社长求教,却得知他们同样在创新的道路上踽踽独行,苦苦寻觅。在此情形下,我决心先奠定活动的基石,确保精品分享的质量,但如何让每位参与者都能满载而归,引发深思,成为我急需破解的难题。此时,我灵光一闪,想起平日里教学中屡试不爽的抽签与刮奖游戏,孩子们对此总是乐此不疲,何不借此点燃老师们的热情?

正当我犹豫之际,同伴的援手如同及时雨,他们建议增设小组研讨环节,让老师们通过抽签选定话题,深入研读,再随机挑选代表上台分享心得,让思想的火花在真诚交流中碰撞,让读书的快乐在彼此分享中升腾。他们的话语温暖而鼓舞人心,眼神中满含期待,让我心中的信念愈发坚定。经过一番精心策划,我们最终确定了"一起读书吧"的温馨开场、"阅读上上签"的趣味互动、"颁奖及成果展示"的荣耀时刻,以及"领导发言"的启迪总结等环节。

活动的主持稿由周委员帮我把关,他深厚的文字功底让我倍感安心;场地的每一处细节,从桌椅的摆放到桌上点缀的鲜花再到报告厅的整体布局,都凝聚着他们的心血,营造出一种温馨而雅致的氛围;更不用说我们读书社的伙伴们,他们齐心协力,迅速完成了80张台签与80份满载鼓励的便利贴的准备工作……最后,现场热烈的气氛瞬间驱散了我的紧张,活动反响空前热烈,每一位参与者都沉浸在书香与欢笑之中。那一刻,我深知,这一切的美好,都离不开团队的智慧与汗水,是大家共同编织的梦幻篇章。

从《给教师的一百条建议》到《论语》,每次的分享交流活动也成了大家思维火花碰撞的时刻。有人从苏霍姆林斯基的建议中感悟到教育是一朵诗意的花;有人从"学而时习之"中悟出了学习的真谛,强调实践的重要性;有人则从"己所不欲,勿施于人"中体会到了宽容与理解的力量,令我体会到经典名著不仅是先人的智慧,更是现代生活的指南。在一次交流中,我被一位老师的观点深深打动,她提到苏霍姆林斯基是这样说的:"一个好的教师意味着什么?首先意味着热爱孩子,感到跟孩子交往是一种乐趣,善于跟他们交朋友,关心孩子的快乐与悲伤,了解孩子的心灵……"这句话激起了我心中的万千感慨,因为我们班就有一个"不服管"的"调皮大王",特别想跟我成为好朋友,得到我的理解和关心,后来他终于如愿以偿,各项表现也得到了很大的提升。

高山仰止,方知才疏学浅;三人同行,才觉左右为师。在星湖校区这片沃土上,我学会了如何有效做事,如何将效果最大化,同伴们一直都是我坚强的后盾,是我永不磨灭的底气,是我变得自信、敢于发声的力量来源。正如集团总校长赵建华所言:"抱团取暖,方能行稳致远。"未来的日子,我们也定会携手前进,一路书香与共。

第七章

家校伴行：耳濡目染，不学以能

"耳濡目染，不学以能"出自唐代韩愈的《清河郡公房公墓碣铭》，意思是经常听到的、看到的，无须刻意学习，自然就能掌握。家长和老师要协同合作，共同创造适合儿童生长的环境，帮助他们掌握必要的能力，让教育如春风化雨般自然浸润。

在岁月的长河中，家校伴行如同一艘轻盈的扁舟，承载着孩子们的梦想与师长们的希望，缓缓航行。它不仅有知识的传递与接收，还有心灵的碰撞与成长，更有幸福的约会与遇见。

家校伴行，是一幅温馨的画面。家长的目光里满是深情与期待，教师的言语中充满激励与关怀。在这幅画中，孩子是主角，他们的成长是家校共同关注的课题。家校伴行，让教育不再是单行道，而是双向的桥梁，连接着彼此的心意与情谊。在这条伴行的路上，家长与教师携手同行，微笑从容，探寻成长的路径，发现教育的美好。在这些互动中，孩子感受到的不仅是知识的增长，更是情感的滋养与生命的力量。

家校伴行，是一种责任的传递。家长将孩子托付给学校，学校将知识、文明的火炬传递给孩子。在这个过程中，家长与教师共同承担起培养孩子的责任，他们的目标一致——让孩子成为更好的自己。家校伴行，更是一场爱的接力。家长的爱是孩子成长的起点，教师的爱是孩子成长的助推器。这份爱，如同涓涓细流,汇聚成河,滋养着孩子的心灵,让他们在成长的道路上,勇敢前行。在这段伴行的旅途中,我们见证了孩子从稚嫩到成熟的蜕变、从依赖到独立的飞跃。

  家校伴行,是一种生活的态度。以开放的心态走在伴行路上,就能清晰地看到它勾勒出爱的轨迹,给孩子成长以勇气,引导孩子走向最美的远方,走向充满光明与希望的未来,走向精神灿烂、无限可能的世界。

  每个孩子都是独一无二的存在,让我们用心倾听,以爱陪伴,共同见证他们的闪耀时刻与成长奇迹!

和你一起成为更好的自己

徐 婷

时光如梭,我的孩子已经成为一名光荣的少先队员了。从呱呱坠地到现在可以和我们侃侃而谈,我们一路相伴,一路前行!

我们"九零后"是顶着许许多多叛逆与超越的时代标签长大的。我们的成长时光是祖国飞速发展的三十年,父母忙碌半辈子给我们提供了不错的教育机会,我们怀揣着考上大学,从此走上人生坦途的"白日梦",却被社会热烈而无情地敲打着。在经历一些人生困境时,我们往往才更清醒地认识自我,更客观地看待世界。蓦然回首,就会发现曾经自诩为时代弄潮儿的我们竟然这么快就要开始追赶时代的步伐了,于是我们认识到自己的渺小和浅薄,意识到学习是终生的事业。为人父母之后,我们认真思考教育这个话题。

莫言说:"好父母是学出来的,好孩子是教出来。"在孩子幼年时光,我们带孩子做得最多的就是享受美食,亲近自然,热爱生活。我们一起去公园散步奔跑,去江边兜风看日落,去雪地里画画,去雨水中踩泥坑,夜晚我们一起读故事、编故事……我们相信童真是人生中珍贵且不可弥补的珍宝之一,所以我们在孩子幼年时期带他尽情地享受着大好时光,让他感受真诚与炽热,体会友善和勇气。希望在漫漫人生中,他感到孤独或者沮丧时,脑海里能多浮现一些这样美好的记忆,默默陪他度过灰色时光。希望他的背影始终有"竹杖芒鞋轻胜马,谁怕,一蓑烟雨任平生"的潇洒!

随着上小学的日子越来越近,偷了很多"懒"的爸妈开始"心虚"。我们看到身边大多数孩子为适应小学而做了长久和大量的储备。我们带着孩子最初的模样踏进了小学大门。于是乎众多段子式的日常动摇着，哦不，应该是撕扯着妈妈的信心。原本以为只要稍加练习便可适应，缩短甚至消除差距，殊不知孩子的意外如同水缸里的葫芦瓢，摁住东边，浮起西边。

  我知道我遇到了问题。但是我没有关注问题本身，没有关注孩子的真实状态，而是陷于说不清理不顺的忧虑，担心老师的接纳度，甚至怀疑孩子的能力。我开始用我的"原始脑"来严格要求孩子，督查孩子。一段时间之后，我发现不仅没有解决问题，还造成了亲子危机。这让我十分痛苦，在这个时候我凭借内心本能的信任向孩子的爸爸和老师们倾诉。我听到他们对孩子的肯定和条理清晰的建议，我的内心波涛汹涌，因为他们的肯定，更因为他们让我意识到自己的问题。我参加了学校组织的"家长成长坊"活动。看着徐博士、李校长和众多带着疑惑的家长朋友们谈孩子、谈家庭，我渐渐地平静下来。有时候我甚至记不清活动的具体内容，但我的脑海里有很多人平静而温和的面孔。我想，我的孩子在遇到问题时，能这样冷静地分析问题并积极地寻找解决方法的话，这不就是最好的成长状态吗？正如赵校在"建华伴读100秒"中所说："教育不是一味地传授知识，也不是急于得到一时的分数，更不是仅获得通过这些关卡的通行证，而是要形成道德、品质、涵养、人格、魅力，练就意志和毅力，积淀为人处世、与社会沟通的能力，培养心智健全的人。"

  在大家的陪伴和帮助下，我度过了这段迷茫期，更多地认识到自己的性格弱点。我学着耐心等待，悉心养育。学习爸爸的情绪稳定，一起给孩子营造一个开放自然、平等有爱的"家庭花园"。

  当我慢下来，再观察我的孩子，我豁然开朗。

  你看，初夏时分，我们一起走在小河边，他一边奔跑，一边用他柔软的小手触摸草丛，他没有像我一样陶醉于成片的荷叶和岸边的鲜花。看着河面倒映着垂柳，他会吟诵《咏柳》，会突然背起杨万里的《小池》。他的每日分享总是充满生趣和惊喜。我想，这大概才是热爱的模样吧，也是对幼年时期相伴的反馈。

美国著名的心理学家詹姆斯曾说："人性中最深切的本质就是被人赏识的渴望。"赏识，其本质是爱。我想我很早就应该知道鼓励的意义，但是现实中我们往往做不到。我们应该认真学习表达爱的具体方式。

当我运用花式夸赞法陪伴他练习跳绳时，便不再有母子心意不相通的感受。曾经他跳呀跳，跳得满头大汗，跳得心急气躁，跳得我气血上涌，仍然是摇绳和双脚两种节奏。我深呼吸一下，爸爸搞怪地和他说："你真厉害，可以像老顽童一样左右互搏，妈妈肯定不行的。"然后我悄悄地寻找初学跳绳的方法，我们扔掉跳绳，开始原地拍手跳，像是在快乐地舞蹈，又累又畅快。两天后他自己默默拿起跳绳一个又一个，居然可以连跳五个了。我说："哇，照你这个进度，岂不是这个月我们就要超标完成考核啦！我们得抽空计划一下怎么庆祝！"于是他不再排斥，日复一日，坚持练习，十个，二十个，五十个……一步步地提升。终于在一年后我们可以和大家一起比赛了！记录这个过程，我感慨他忍耐了多少落后的沮丧，攒足了多少信心一步一步追赶，庆幸在这个过程中我们给他提供了抚慰人心的鼓励，陪伴他坦然面对追击的痛苦，为他庆祝每一次的进步！所以你看，爱是有模样、有方式的，它需要我们沉下来用心学习。

我们用类似的方式陪伴他在暑期攻克识字难关。我们一起讨论出现困难的原因，一起商定改变的计划，三人一起坚持执行。偶有摩擦，时常斗智，但终究是不断前进的。进入二年级之后，他写字有进步了，我发现教语文的胡老师也会毫不吝啬地夸他写得太棒了！他的数学似乎也在一点点开悟，终于可以自主读题解题了！我知道他这样的一点一滴的进步都是可喜的，也是磨人的。他用他日复一日的努力回应着我们的每一份期待，老师们也会用一次次的鼓励和偶尔的敲打默默守护、等待着他。现在想来，这样的默契相伴多么美妙呀！

这一件件日常小事，不仅有他进步的缩影，还有我自己的改变和成长。我想，我是他的妈妈，我应该按照我理想中的孩子模样来养育自己，真诚和勤奋，勇敢和独立，客观和冷静……当爸爸和妈妈是这个模样，那么孩子的人生画卷上也自然会染上这些色彩！

《小王子》中有句打动人心的话："是你花在玫瑰身上的时间才让玫瑰如此重要。"我相信我们在孩子身上种下的每一粒种子，终将在时光的浇灌下破土成林，撑起他们生命中的万里晴空。让我们一起守望与等待，让花成花，让树成树！

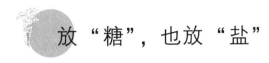

放"糖",也放"盐"

陈佳楠

从呱呱坠地,到步入幼儿园,再到初识小学,当我站在千禧成长的十字路口时,心中充满了无尽的期许,同时也有些许担忧,我该如何伴她成长?未来她会成为怎样的人?

我深知孩子的成长过程就像做菜,需要"甜"和"咸"的平衡才能更美味。糖甜是鼓励、赞美和关爱,而盐咸则是规则、挑战与挫折。

教育学家杜威说:"表扬是一种教育工具,它能够激发孩子内在的力量。"还记得在幼小衔接的暑期班中,拼音成了一项她头疼的事,也成了一项令我焦虑的事。耳边常常传来她的求助:"妈妈,这我不会啊!妈妈,这到底是二声还是四声啊?"一天,课程结束后,她的小身影突然窜到我的跟前,带着欣喜,带着激动。她对我说:"妈妈,今天我有一个好消息,还有一个坏消息,你想先听哪一个?"我看着她手舞足蹈的模样心里开始窃喜:看样子今天的小练习离满分不远了啊!还没等我回答,她便迫不及待地说:"我先告诉你好消息吧,我今天拼音练习有很大的进步呢!你快表扬我,快点!""那坏消息呢?"我忍不住问道。"坏消息是我得了 40 分,但是上次是 20 分,老师夸我进步很大呢!"

听到分数的一瞬间,血液已经直冲大脑,甚至手已经不自觉地捏紧了拳头,我的心中暗暗不满——"就这分数,还值得表扬?"她的小脸蛋凑到我的面前,眼睫毛扑闪扑闪,在等待着我的回应。看着她那期待的眼神,我突然意识到,是啊,分数提高了,说明她在努力。

"嗯！比上次高了很多分，很棒哦，那下次可以对更多，对吗？我觉得千禧肯定是可以的，再过几天应该都能得满分！""我也觉得，我也觉得！"接下来的学习中，她常常说："我可是下次要拿更高分的。"她开始不需要我的一遍遍催促。我在庆幸，当时差点脱口而出的责怪换成了赞美。这样的"甜"，只是父母在陪伴、引导孩子的时候，多了点倾听、尊重、认可，便能激发孩子巨大的潜力，让孩子身心愉悦又活力满满。我想：被爱滋养的孩子温暖、乐观、向上，他的未来充满无限可能。

赞美是甜的，但只有甜是不够的。生活并非总是阳光明媚，孩子们需要接受挑战，学习如何面对失败。规则、挑战与挫折是他们成长道路上的养料。这些咸味元素能够帮助他们理解责任和后果，培养他们的坚韧和毅力。

一次偶遇攀岩馆，千禧和她的好朋友一定要去比一比谁爬得高。换好鞋，穿戴好装备，千禧的好朋友第一次挑战便已登顶。而千禧刚爬几步便大叫："快救救我！"我看着她眼眶微红的模样，心里已经开始为她打退堂鼓，但我没有上前。出乎我的预料，她与教练击掌后，再次挑战。虽然经过数次的挑战后仍然没有成功登顶，但我看着她每次挑战都能够比前一次更勇敢，我想她肯定是为自己鼓足了勇气，我也始终相信她终会登顶。愈挫愈勇，是需要强大的内心的，如果不希望培养温室里的花朵，我们在陪伴孩子的成长中，就需要放手与信任，引导他们输得起比赛，赢得了未来！

在孩子的成长过程中，"甜"与"咸"的教育并非孤立存在，而是相辅相成、相互促进的，既不让孩子沉溺于成功的喜悦中而失去进取心，也不让孩子在挫折面前一蹶不振，要勇敢地面对挫折，然后战胜挫折。愿他们在"糖"与"盐"交织的生活中茁壮成长！

在孩子成长的道路上，父母的角色至关重要。我们不仅是孩子的第一任老师，更是他们成长路上的引路人。我们的一言一行、每一个鼓励和每一次放手，都在潜移默化中影响着孩子的性格形成和价值观的建立。在给予孩子"甜"的同时，我们也要适时地给予"咸"，让

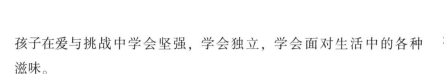

孩子在爱与挑战中学会坚强，学会独立，学会面对生活中的各种滋味。

教育孩子，就像烹饪一道美食，需要精心的调配和耐心的等待。我们不能一味地追求甜蜜，也不能过分强调苦涩，只有两者平衡，才能让孩子在成长的道路上走得更稳、更远。在孩子遇到困难时，我们要像厨师一样，适时地加入一些"盐"，帮助他们调味生活，增强生活的韧性。在孩子取得成就时，我们也要像厨师一样，适时地撒上一些"糖"，让他们感受到成功的喜悦，增强前进的动力。

在陪伴孩子成长的过程中，我们也会遇到各种挑战和困惑。有时候，我们可能会怀疑自己的教育方式是否正确。有时候，我们可能会担心孩子是否能够承受生活的压力。但请记住，每个孩子都是独一无二的，他们有自己的成长节奏和方式。作为父母，我们需要做的，就是给予他们足够的爱和信任，让他们在爱的滋养下自由地成长。

在未来的日子里，千禧会遇到更多的挑战和困难，也会有更多的成功和喜悦。作为她的父母，我们要做的，就是陪伴在她的身边，用我们的爱和智慧，帮助她找到属于自己的平衡点，让她在"甜"与"咸"的交织中，健康快乐地成长。这样的伴行，让我们充满期待，那个勇敢、坚强、乐观、充满爱心的千禧，将会成长为一个多么美好的人！

陪你成长，看你飞翔

吴金花

看着倚靠沙发上睡着的孩子，孩子爸和我对视了一眼，纠结着是喊他起来做作业还是让他继续睡一会儿。最终我们还是选择让孩子继续睡一会儿，他爸走过去给他整理一下靠枕，我拿外套给他盖一下肚子，这或许是很多家庭中最寻常不过的一幕了。

进入高年级后，一天课下来，或许孩子确实有些累了，有些乏了，学路漫漫任重道远，孩子们需要自己去面对新知识的快速更新和学习中的各种挑战。而身为父母，我们能做的是陪伴孩子，做他们成长路上的避风港，做他们强大的后盾，倾听、赏识自己的孩子，给他足够的安全感和归属感，他才能更好地成长。

此时的我，思绪万千。时光荏苒，岁月如梭。转眼，孩子都这般大了。曾经那个小小跟屁虫，已经小大人样，能独当一面，他对自己有着要求，从他身上能感受到新时代青少年的那股韧劲。我有欣慰，有感慨。

喜欢记录生活的我，把孩子的成长点滴都很好地记录在手机里、电脑里、手账本上，甚至平日看的书里……

我曾想着孩子已经长大，可以试着让孩子自己上下学，以锻炼他的独立性。可有么一天，看着他背着书包走进校园的背影，我却莫名有些不舍，想到将来终有一天因为孩子远行而不得不放手，我就更加珍惜现在接送孩子的时光，路上可以聊一小会儿天，那也是很幸福的事。但我又想给他和同学同行的空间，于是我选择在学校北边的路口等他，这样他可以沿着学校围墙和小伙伴同行一段路，可以聊聊他们的话题。然而最近两次，我都看他只身一人先到路口，没有其他小伙伴，于是我把"我认为"搬了出来，认为他应该等等走得慢的同学，认为他应该和小伙伴一同走可以增进感情，认为他和小伙伴是不是发生了不愉快的事……结果孩子告诉我是我多想了，其他小伙伴走路慢他就不多等了。也许就是我想多了。第二天早上送孩子时，我主动和他道了歉，并表示我猜到了他走得快的原因或许是因为想早点看到妈妈，不想让妈妈在路口等太久，或许是想抽身出来思考一件事，毕竟有时孤独也是一种享受。坐在电动车后座的他听后笑了，用脑袋蹭了下我。所以我想这一天他应该是带着愉悦的心情去上学的。庆幸我能转变思维，可以去理解和尊重孩子。孩子大了，他有自己的想法，他可以选择分享或者不分享。而我们可以在他愿意分享的时候用心去感受他的喜怒哀乐并能适时回应；在他不愿意分享时，如果看他累了，给他一杯水、一块糖、一个笑脸，或者留给他足够的空间独处而不用过多去打扰……孩子也会感受到我们的爱。所以，我很赞同赵建华校长在"建华伴读100秒"分享的那句话："在家庭教育中，父母要给予孩子正确的爱。'你陪我长大，我陪你到老'，很有哲理。"

这会儿晚8：00的闹铃响了，我提醒乓乓（孩子乳名）弹钢琴。孩子虽然有些迷迷糊糊，但还是起身活动了下筋骨，小练一下钢琴就开始做作业了……我备了些巧克力，给他吃一块来提提神，巧克力包装上写着"生活有时鸡飞狗跳，放松一下不急不躁"，这也蛮好。就像赵建华校长所说："面对生活中的大事小事，愿我们都能保持一种平和淡定的心态，学会原谅、学会宽容、学会看淡。"

回到电脑桌旁，感觉又有好多想说和想写的。

2024年孩子升六年级，开学当天回来的路上，他满脸喜悦地和我说，他们班很幸福。我接着他的话继续了解，他所谓的幸福来自哪里呢？原来他觉得从一年级至今，遇到的老师都很好，都是他喜欢的老师。这个我认可，孩子多次在我们面前表达了很爱他的老师们。我也相信，如果孩子喜欢老师，那么就会喜欢老师的课，就会有学习的兴趣和动力。老师是孩子人生道路上的指明灯，会影响孩子的一生。提到老师，我也有许多感受想分享。因为，我也很喜欢孩子的老师们。那天听李校长和曹老师关于《家长如何与老师沟通》的父母课堂，很受用。我和老师们的沟通一直很顺畅且愉快，毕竟大家都是为孩子好，所以交流起来心是凝聚在一起的。

2024年暑假，孩子参加了南通市中小学生"学宪法、讲宪法"演讲比赛，班主任于老师一同到现场陪伴。那天孩子紧张地在角落背稿，于老师到了后，并未像其他带队老师一样盯着孩子背或现场再做指导，她相信孩子可以，因为她已经带着孩子做好准备了，她更相信有付出必有回报，有耕耘定有收获。于是就和我远远地默默地关注着孩子。她说不要给孩子压力，不给他再多的紧张，只要相信孩子就好。当时我被于老师感动和温暖到了。孩子也很争气，最后也取得了较好的成绩。最让我惊讶的是，于老师还给孩子准备了份小礼物以示鼓励。能遇到有温度的老师是我们的小确幸，所以孩子能感受到老师的好。2024年儿童节，孩子在校门口排队领棉花糖，他拿到后就先送给了于老师，或许这就是孩子感恩老师、爱戴老师的一个表现。所以，"孩子们人小鬼大，你对他们的好，他们能感受到，总会在那不经意间回馈得淋漓尽致！"（赵建华语）同样，老师在孩子走下舞台递上的小礼物，又让我想到"建华伴读100秒"中的一句由衷的感悟："教育一定是热气腾腾的人间烟火，有仪式感的日子是用来表达爱与被爱的，有仪式感的日子是有故事、有温度的。"

此时，孩子已经洗漱上床，随手拿起床边的书看着……我提醒他看几页后要早些休息，养足精神才能有更好的学习状态。他欣然答应，并同样叮嘱我不要熬夜，养足精神才能有更好的工作状态。就这样，我俩又心领神会地同时笑了起来。

作为孩子的父母，我们总是希望和孩子一起成长，一起进步。虽然这条路并没有想象的那么容易。但我们坚信，一个和睦向上的家庭和学校一样，都是孩子成长最好的沃土。

就如杨文老师《和儿子一起成长》一书中写道:"当孩子真正回首父母为自己做过的一切时,才会懂得转眼之间的充实和漫长,才会在忽然的一瞬间发觉一切都是如此难能可贵,润物无声。"允许孩子慢慢来,默默守护,静待花开。让我们用更温暖、更科学、更艺术的爱,陪伴孩子成长,看他在自己广阔的天空自由翱翔!

让伴行勾勒出爱的轨迹

陈 爱

水尝无华，相荡乃成涟漪；石本无火，相击乃生灵光！

在生命的长河中，我们都是时间的旅者，每个人都在自己的轨道上前行。但在这条看似孤独的旅途中，总有一股温暖的力量，它源自家人，如同星辰，照亮我们的夜空，指引我们前行。在现场、在身旁、在心上，就是对"伴行"姿态的深情诠释，也是对家校之间无声却深沉情感的细腻描绘。

记得五年前加入实小集团第一期"家长成长工作坊"时，我的心情无比激动。成长工作坊每三周集中一次，培训半天，时间总是安排在清晨。于是我和一群志同道合爱学习的家长经常在清晨带着满怀期待的心情来到学校。我们学习的内容涉及学生心理指导、情绪管理、如何培养孩子阅读习惯、如何做一名不焦虑的家长等，由家庭情感文明研究组徐博士、李小琴副校长担任主讲，我们会围绕这些热点话题，精心准备发言内容，制作精美的PPT，现场分享、智慧碰撞，大家兴味盎然。让学习成为像呼吸一样自然的事情，让我们也感受到了充实与美好。

教育就是点燃、唤醒、影响。有徐博士、李校长伴行成长，我们从原先的焦虑型家长变成了现在的从容、情绪稳定型家长；原本内向、胆怯的孩子变得开朗豁达、独立自信。面对孩子的教育问题，我们更加坦然淡定，亲子关系也越来越融洽。父母好好学习，孩子自然天天向上。我的女儿曾经高兴地和班级同学分享："我发现妈妈读书后的变化是她更有耐心了，而且遇到困难时她不会大喊大叫，而是冷静思考解决问题，我觉得她越来越漂亮了，越来越可爱了。她读书的习惯也深深影响着我，我也爱上了读书，知识面变得广了，说话变得有趣了。我现在很喜欢读老舍先生的《骆驼祥子》，鲁迅先生的《呐喊》《阿Q正传》，沈石溪的动物小说系列等。我还喜欢读《论语》，从《论语》里认识了什么是君子。"

看着女儿和自己的变化，我由衷感慨：成长是一件多么幸福的事情啊！经过多年的历练，我也顺利毕业并被评为优秀家长，还作为家长代表给新的一届学员作分享呢！毕业后我们并没有间断学习，而是自发组织公益性质的"爱馨亲子读书会"，一直延续至今。利用课余时间，我们还汇集所有学员打卡内容，编集成书印刷出版，然后郑重其事地将《我的读书笔记》这本书赠送给学校。"爱出者爱返，福往者福来！"希望以这样的方式表达对学校的感恩之心，更希冀着以"星星之火"，激励更多的家长加入实小集团的家长成长工作坊来学习、成长。如今报名参加第六期家长成长工作坊的家长纷至沓来，只为遇见家庭教育的"一路繁花"。

感恩之余，我又收到了作为家长代表为本书供稿的邀请，我试图捕捉过去几年那些平凡却珍贵的瞬间。在日常琐碎中，我们或许未曾留意，却在回望时，发现它们构成了我们生命中最美的风景。突然觉察到学校开办的童真课堂、家长讲坛，成立家长成长工作坊、家长读书会的重要与必要。犹记得每个清晨，赵校长准时站在校门口迎接孩子们，孩子们到校时主动打招呼，一声声"老师好""校长好""校长伯伯好""校长爷爷好"，个别小调皮还会扮个鬼脸，"嗖"地从校长面前飘过……师长与学生之间的关系这样温暖自然，这不正是最鲜活、最动人的"伴行"模样吗？记得有一次我参加"伴读 伴行"沙龙活动时，听到赵校长说过，"有学生家长的相伴，学校教育就不会孤单"，我心生感慨，又满怀感激。我更想说："家庭离不开学校的温暖伴行，就如同舟共济的伙伴，在孩子的成长航程中扮演不可分割的角色。"

我们班级的老师曾经在家长群里分享过"建华伴读100秒"中

的一段话，给我留下了深刻的印象——

在面对"困难"的时候，你们坚定地说道："上！"

在面对"辛苦"的时候，你们乐观地回应道："不！"

这正是那些令人喜爱的实小老师们的真实写照！这不也是那些可爱的孩子们和家长们所展现出的精神风貌吗？

在这个快速变化的时代，教育的方式正在经历着前所未有的变革。孩子们的成长，不仅仅局限于知识的积累，更重要的是情感的滋养、品格的塑造及能力的培养。

家庭，作为孩子成长道路上的第一所重要的学校，承载着无数的温暖与关爱。在这里，父母扮演着孩子人生中的第一任老师的角色，用他们的言传身教，为孩子打下坚实的基础。而学校，则是孩子进一步探索世界、拓宽视野、实现自我价值的广阔舞台。在这里，孩子们可以接触到更多的知识、更多的朋友，以及更多的可能性。

家庭与学校之间，需要的不仅仅是简单的配合与支持，更需要深度的融合与合作。这种融合不仅仅是形式上的，更是心灵深处的交流与沟通。父母与教师之间，需要有共同的理念和一致的行动，这样才能为孩子营造一个和谐、一致的成长环境。只有这样，孩子们才能在家庭与学校的共同关爱下，茁壮成长，充分发挥他们的潜力。

让我们一起踏上这段家校共育的旅程，让温暖与关爱伴行。一家人一条心，一条心一股劲，一股劲一起走。在这个旅程中，我们要携手合作，共同为孩子们的成长保驾护航。让我们一起期待，期待我们的孩子在这样的关爱与支持下，能够走向最美的远方，走向一个充满希望与光明的未来，走向一个精神灿烂、充满无限可能的世界。

温暖伴行：给予我们勇气与底气

李晓明

还记得孩子上幼儿园的时候，我们就在思考实小的几个校区，哪个师资力量最强，哪个最有发展潜力。在咨询了相关入学政策后，我们夫妻最终商定购买能达片区的房子。名校之"名"不在大楼而在"名师"，校长的大情怀、大格局，就是教育理念的最好引领。为孩子的教育投资，也是家长们需要深思熟虑的课题。我们肯为孩子花钱、花时间，更需要的是肯为孩子再学习。

很荣幸我是一位妈妈，因为有了孩子才有了再次成长的机会，也可以结识到老师们、家长们，再度走入孩子的校园，有了共学"建华伴读 100 秒"的机会。一年级是孩子成长路上的转折点，也是修炼家长的关键时期，从前的母慈子孝好像少了，更多的是鸡飞狗跳，"母老虎"的本性原形毕露。怎么办？读书学习是改变的唯一良药，终于知道了"学习改变命运"也可以用在这个关键时刻。实小的"家长成长工作坊"应运而生，给迷茫中的家长以引领，很好地促进了家校合作，感谢学校，让我们再度成才。小学五年一路走来，孩子从一个奶声奶气的小女孩，竟然一下子长成身高 1.7 米亭亭玉立的大姑娘了，她的健康成长，离不开学校的综合教育和老师们的关爱。学校的延时服务，也给了我们这些全职父母很多助力！感恩、感谢！

"作为教师，一举手、一投足，甚至一颦一笑都蕴含着教育的力量。""建华伴读 100 秒"中有这样一句话。是的，微笑，是一股春风，孩子盼望着看到老师的微笑。老师们的一个微笑、一个点头对孩子们是莫大的鼓励和支持。还记得跟李校长一起做过一次直播课，她的微笑，瞬间拉近了我和孩子与她的距离，让我们的直播可以顺利进行。孩子升五年级后，戴老师成为她的新班主任，孩子很尊敬、爱戴这位老师，老师对她微笑，她会激动地告诉我："老师今天表扬我们了。你知道吗，戴老师笑起来可美了！"看到孩子激动的表达，我也很开心。或许严肃可以震慑孩子们，又或许，温柔的力量可以战胜一切。很赞同赵校长所说的："上课之前，老师粲然一笑，学生心情轻松；遇到困难，教师微笑等待，学生信心满满；沟通受阻，教师颔首微笑，学生情绪更易化解。微笑是激励，微笑是赞许，微笑是关心，微笑是宽容，微笑是心境，微笑是教师最美的语言！"这席话，其实也特别适用于我们父母。妈妈的脸，孩子的天。我们每日微笑，孩子的天空才阳光灿烂！

"赏识是人生最好的雕刻师。"作为家长，我们深知"赏识"对于孩子成长的重要性。还记得2021年12月，紫瑶在小学三年级时参加过一次南通市中小学生乒乓球比赛，获得了由南通市教育局颁发的小学女子团体二等奖。在全校周一升旗仪式上，学校让获奖的同学们一一上台领奖，让胆怯的她感到意外的惊喜。她说："妈妈，我从来没想过自己可以站在学校领奖台上，太意外了。"她说团队另两个女孩打得很好，但她水平差多了。我鼓励她："你第一次打比赛，已经拼尽全力，教练说你的临场发挥力特别强，这个团队，你也是不可缺少的一员，要看见自己。"学校的这个举动着实也让我激动不已，有什么比得上"被看见"的力量？孩子自信心的建立，既需要家长具备一双会赏识的眼睛，又需要学校和老师的认同与鼓励。正因为有了这样的幸福体验，她大胆地站在班级讲台上发言、竞选班委，这些瞬间被朱兴伟老师用心拍下来。当我看见孩子的照片时，也激动不已，随之而来的就是感动。

"家长的肯定，对于我们老师来说，是最大的褒奖！"能达校区的"幸福，在相遇的时光"家长问卷调查"来夸夸、点赞我们学校的老师"，让家长们有机会袒露心声，原来老师们也是凡人，也需要被家长赏识。家校是一场双向奔赴，从陆安吉老师、朱兴伟老师、龚维君老师再到戴宁老师，每一位班主任老师都不断撒下爱的种子，一颗小红星、一个小奖励、一段周总结、一次家访，一个个孩子被一次次看见，班级群里的温馨提示，让我们知道最近要关心孩子什么。有一天放学了，紫瑶过了好一会才出来，仔细一问，有一位同学手受伤了，她在帮忙包扎，原来她主动担任了班级卫生员的角色。"谁不渴望被赏识？成人需要，孩子更需要。"赵校长也教会了我们家长要用心欣赏自己、欣赏孩子、欣赏老师、欣赏家人、欣赏身边的每个人。人生不易，有缘相聚，多一份包容，多一些耐心，陪着孩子一路成长，也是我们的修行。当我们用心欣赏自己，我们的价值感更高了；当我们用心欣赏孩子，她做事更积极主动了；当我们用心欣赏爱人，他更有担当、更顾家爱家了；当我们用心欣赏老师，她们便更加绽放自己！

在"最美家长志愿者"颁奖典礼上，赵校长深情地说："在教育孩子方面，我们家长和学校的关系，如同一个股份公司里，你们家长是董事长，学校是 CEO，家长是终身持股人，学校是阶段持股人，孩子是我们共同的作品。那咱们的关系就是'合伙人'。"这话，让现场的许多家长有了共鸣。是呀，家长是终身持股人，责任重大。

如今，我的孩子步入中学，面临新环境、新挑战，但我们不会心生胆怯，而是带着微笑，从容以对。赵校所给予我们的"伴行"精神养料，让我们有了勇气与底气——"砥砺，一个好学生的成长之路。""未来具有独立人格、成长型思维、专注力品质的孩子会成功。""培养孩子们埋头奋斗的信念和抬头看天的情怀。"……感谢实小集团，在孩子人生中关键的小学阶段，让我们收获到了知识、信念、友情、师生情。

心有羽翼自飞翔

杨东进

女儿一年级的时候，我有幸成为实小集团第一期家长工作坊的学员，学校很重视，16 位学员学得也认真，在家庭情感教育研究组以及南通大学徐志刚博士的指导带领下，我们受益匪浅，进步明显。赵建华总校长虽然不直接带领我们学习，但是也时常来关注我们，所以我们有幸能接触到"建华伴读 100 秒"，这或许是他在用另一种方式默默地指引着我们。

赵校长说：真正的善良，不是刻意为之，而是源于心底，是骨子里散发的为别人着想的担当。

读到这里我想到了很多。那时候，我们正在学《传习录》，"徐爱篇"中徐爱和阳明先生讨论"心即理"的问题。

徐爱问："如事父之孝、事君之忠、交友之谊、治民之仁，其间有许多理在，恐亦不可不察。"

阳明先生说："以此纯乎天理之心，发之事父便是孝，发之事君便是忠，发之交友、治民便是信和仁。只在此心去人欲、存天理上用功便是。"

阳明先生的思想很明确，不管是"事父""事君"还是"交友""治民"，没有什么花里胡哨的手段和套路，而是发自内心，出于真诚，就做到了真正的"忠、孝、信、仁"。这和赵校长的思考有了很强的切合点，不管是"真正的善良"还是"心即理"，最根本的就是要发自内心的真诚。

读到赵校长这篇伴读后没多久，我做了一次很好的"止损"。事情是这样的,那时候朋友圈里比较流行付费让孩子干活,不但能培养孩子劳动的意识,又能培养孩子赚钱的财商,听上去很不错,一举两得。于是我也和孩子约定,洗一次碗多少钱,拖一次地多少钱,铺一次床多少钱……一切都很美好,孩子干得也挺带劲,我们给钱也挺爽快。渐渐感觉有点变味了,女儿干一点点事都来向我要钱。不给吧,言而无信;给吧,总感觉别扭。我就反思,这种付费干活的方式用在孩子身上合适吗?"真正的善良"这个时候及时地出现在我脑海中,这种劳动是"真正的劳动"吗?不是!孩子作为家庭的成员之一,做家务本就是要学会的技能,也是应尽的责任,为什么要用金钱来衡量呢?尤其对于一个心智尚未成熟的孩子来说,这样的奖励,是不是就成了一种毒害,让她变得功利了?想到这些,我打了一个寒战。我必须立即"止损"。随后,我真诚地和女儿商量,决定定期给她用零花钱让她自由支配,家务活她要主动去做,"付费劳动"就不再使用了。"真正的善良"也好,"真正的劳动"也罢,它们就像肌肉记忆一样,不用刻意去思考,不必考虑这样做的得失,看见就做,想做就做,完全源自心底。

伴读里还有一句话让我思绪飞扬——"愿思考,才能会思考。"

苏格拉底曾与人有过这样一段对话。

苏格拉底说:"欺骗,是好还是坏?"某人说:"当然不好!"苏格拉底又问:"假如某人生了严重的病,他的朋友瞒着他说这病快好了,让他保持好心情,从而配合治疗,这种欺骗是好还是坏呢?"某人回答:"这种情况当然好。"

苏格拉底又问:"偷,是好还是坏?"某人说:"当然不好!"苏格拉底说:"如果你的朋友要自杀,你把他的斧子偷走了,是好还是坏?"某人说:"救了他,当然是好了。"

看看以上对话,感觉苏格拉底是一个"杠精",专找牛角尖里钻。但是我们细想一下,苏格拉底在教会我们思考,在没有发现黑天鹅之前,人们认为世界上只有白天鹅。事情的复杂性远远超出我们的想象,只有多思多虑,看事情才能更明白。当然,要多思考,首先要愿意思考，家门都不愿意出，何谈勇闯天下。

关于思考我和女儿也有一段小故事，曾经让我无比兴奋。事情是这样的，女儿学到《盘古开天地》这篇文章时，那天晚上回家问我："爸爸，为什么说盘古开天地为人类做了贡献？盘古那时候地球上就他一个人，他怎么能想到为人类做贡献呢？我想他一点也不伟大，他只是害怕而已，而且他哪里来的斧头呢？"她这么一说，原本没有认真的我，一下子来了兴趣，我就问她："为什么说他害怕？"女儿回答："他一个人待在黑漆漆的一个蛋里，能不害怕吗？所以他想把这个蛋劈开，他想逃出去！"呵呵，有点意思，我从来没有从这个角度去思考这个神话。女儿愿意这样想，她的思路比我广，我觉得我要保护她这样的"胡思乱想"，她就是赵校长所说的"愿思考"。那晚，女儿的质疑吊起了我的胃口，我觉得她对盘古开天地新颖的思考有点触及心理学范畴，于是我就尝试和她聊聊心理学，结果发现有得聊，兴致来了停不下来，我们聊到了哲学，讲到希腊三杰，讲到我们的孔夫子、孟夫子，还有我所拜服的阳明先生。那一刻，我们思绪纵横驰骋，脑洞大开，要不是爱人催促睡觉，我们不知何时才睡。我很开心，第一次和女儿因为学识聊得那么深入。那天以后，女儿也开始喜欢看心理学和哲学的书。学习这些或许对她的学习成绩没有很大的帮助，但是她成了一位愿思考、爱思考的孩子。而这一切的源头来自——"愿思考，才能会思考。"

"和有趣的人在一起，就是养心；和喜欢的人在一起，就是养生；和聪明的人在一起，就是养脑；和善良的人在一起，就是养眼。"很庆幸，我们家长、孩子、教师都能与实小一起成长。"伴读"相拥的日子，丰盈温暖；心有羽翼的时光，伴行致远！

第八章

同人伴行：青山一道，同担风雨

"青山一道，同担风雨"改自唐代诗人王昌龄的《送柴侍御》中的"青山一道同云雨"，意思是虽然相隔两地，但青山相连，风雨共担，明月同照。不同的学校像"青山相连"，实现理念、文化、课程、师资等互通共享，形成教育共同体，形成"和而不同，美美与共"的教育新图景。

在人生的长卷中，同人伴行犹如一道璀璨的光束，照亮着志同道合者的前行之路，不以山海为远，共同追寻教育的真谛。它不仅是智慧的交融，更是心灵的契合。长卷中，有着绚烂的色彩，有着深厚的情谊，连着你，连着我，一起齐步走；牵着你，牵着我，一起向前走。从区内到区外，从市外到省外，"伴行育人"的朋友圈越来越广，影响力越来越大。

同人伴行是一种理念。它好像一股清新的春风，吹拂着结对学校的每一个角落。它不仅带去了先进的管理理念，更激发了学校对教育本质的深刻思考，让教育回归本真，让每一个孩子都能在快乐中成长，在成长中收获幸福。

同人伴行是一种策略。它如同一位智慧的导师，引领着结对学校在管理的道路上探索前行。通过实践创新，学校的管理水平得到了显著提升，教育质量也迈上了新的台阶。每一个细微的改变，都凝聚着同人伴行的智慧与汗水，让教育的力量更加强大。

　　同人伴行是一种成果。它恰似丰收的果实，让结对学校的办学成果更加丰硕。在彼此陪伴下，学校不仅在教学质量上取得了显著进步，更在学生的综合素质培养上取得了满意的成绩。每一个孩子的成长，都是同人伴行育人成果的最好见证。

　　与结对学校心连心、手牵手，携手同向而行，让辐射面更广，成果更丰硕。在这里，没有距离的隔阂，没有思想的束缚，只有对教育的热爱与执着，让每一个参与者都能感受到教育的温暖与力量。我们坚信，只要心中有爱，脚下有路，同人伴行的光芒必将照亮更多孩子的成长之路，让教育的星空更加璀璨夺目。

伴行，给成长一个向上的力量

龚梅花

微小说《雁阵》里有这样一段话："一群排成人字形的大雁，徐徐地朝南飞去。太阳赤灿灿，雁阵渐渐地融进那耀眼的光芒里。一首生命的诗，在蓝空中吟唱。"这幅景象美好而有深意，和赵建华校长的"伴行管理"思想、"我们一起向前走"的理念有异曲同工之妙。

南飞的雁群在寂寥的秋天总是能给人以温情的力量，它们相伴相携，通过互相的协作和个体的奋力飞翔完成长途的迁徙，求得生命之诗的华丽吟唱。"伴行管理"思想，给了当初"寂寥秋天"中的我底气和力量，在"我们一起向前走"的过程中，悦纳、唤醒、赋能、伴行，让我不断与全新的自己相遇，与美好的教育相拥；让我的学校在文化重塑中，愿景明晰、内涵彰显；让我的老师们达成价值共识，踏实勤勉、温暖有力。

我们南通市小海小学（简称"海小"）秉承"培原"理念，致力于"培植儿童生命成长动力源"。儿童，是一所学校的全部意义之所在，近年来，随着区域的发展与地域特性，学校生源结构发生改变，新市民子女占比近70%。每一位老师背后有一群学生，每一个孩子背后都站着一个家庭，海小每一位老师践行"伴行管理"，努力让阳光照到每一个角落，实现心灵的彼此抵达。

小斐是我们学校的一个特殊孩子，全校无人不识，他四岁时经医院鉴定为发育迟缓，表现为自我控制能力、沟通能力、自理能力、交往能力以及平衡感都欠缺，语言表达也有限。无论是课上还是课下，只要稍有不满意，他就会乱发脾气。上课坐不住，注意力不集中，听了十几分钟课就会冲出教室。老师或小朋友喊他，他总是置之不理的，大部分时间沉浸在自己的世界里，特别是还会无缘无故动手打人。小斐一直在南通某儿童发展中心接受训练与治疗，家长也很是头疼。"很幸运，我们遇到了陆老师！"在校陪读的小斐外婆逢人就夸。

陆新娣老师是学校一位优秀的班主任。对于要接收这样的孩子，陆老师没有犹豫。学科伴行是她的第一行动，她召集班级各科老师，分析了小斐的特殊情况，建议在多关心小斐的同时，还要尽量创造性地为他提供发展空间，课堂教学设计要考虑到特殊孩子能否参与。她的语文课，总能分层设计教学内容，兼顾到小斐的学习需求。她以行动展示"伴行"就是有教无类、因材施教，真正地爱每一个孩子。陆老师强调同学伴行，坚持在普通孩子心中种下关爱特殊孩子的精神种子。她召开班会，利用学校各方面的资源，让班级其他孩子了解特殊儿童，懂得尊重和关爱他人的重要，班级逐渐形成了和谐友善、团结互助、积极进取的整体氛围。她挑选了几个有耐心、善于沟通的孩子和小斐坐在一起，成立"小伙伴成长营"，叮嘱他们主动帮助小斐，随时关注他的生活与学习情况。语文课上，小斐读书声音不清楚，孩子们就耐心地等他读完，并给予他鼓励的掌声；体育课上，孩子们主动陪小斐一起完成老师特意设计的简单体育活动；美术课，孩子们陪小斐一起完成作品，还带领小斐一起参与到班级的卫生打扫，教小斐扫地。伴行，从"这一个"到"每一个"，让每一个生命个体都需要被尊重、被理解、被接纳。当下很多人对融合教育的认知是模糊和缺位的，面对小斐在班上的横冲直撞、东挠西抓，虽然有小斐外婆道歉解释，但陆老师还是接到班上很多家长的"告状"信息。为此，陆老师推动家校协同伴行，通过班级家长会、座谈会、电话联系等各种方式，与学生家长沟通，逐渐从"对立"走到"共融"。现在，即使被小斐推一回、打一下，孩子们也很快就原谅了他，下课后还会带着他一起玩。班级全员伴行，推进了全班学生、全体家长、特殊学生的"另一种成长"。

现在的校园里，我们经常会看到小斐笑嘻嘻地看小朋友们下棋，

228

有你在身边
"伴行育人"的思与行

看小朋友们吹泡泡,跟小朋友们一起奔跑……当然,也会看到小斐笑嘻嘻地推人一把,他的小伙伴们立即阻止,然后替他真诚道歉,向对方解释说明情况,有时还带上礼物,当小斐能自己说出"对不起"时,他们还会给他送上一个大大的赞!回到班上,陆老师还会让全班同学给他送上掌声。

"我们能陪多久,孩子就能走多远。"陆老师"伴而合,行而远"的班级关怀,让特殊儿童看到美好曙光,感触温馨未来。

伴行是培育、呵护、托举、鼓励,有情感在场的伴行,让每个生命成长充盈着快乐与惊喜。学校徐丽红老师是有着三十多年工作经验的老教师,班上小杨同学因父母离婚,把自己关在家,足不出户。近两个月时间,徐老师每星期都入户家访,为了更好地与孩子共情,陪伴其走出家庭变故的阴影,她还自费参加心理辅导班学习。在徐老师的倾情感召下,小杨同学最终回归课堂,毕业前夕,以出色表现获南通市三星奖章,给自己的小学生涯画上完美句号。陆香慧老师工作才两年,颇有才气的她遇到了患有"多动症"的小睿,束手无策,从自己委屈得落泪到获得家长的认可点赞,实现伴行管理的"师生双向成长";副班主任陈小美老师放弃休息日,与社区干部一起家访疏导为家庭教育受挫抑郁的家长,伴行,有爱有心,还有社会担当的温度……

伴行,给予了学生一生温暖且向上的力量,亦是对海小教风"不为大,成其大"的最好诠释!踏上伴行之旅,我们走向美好!

(南通市小海小学)

在伴行中遇见更美的自己

顾建锋

"伴行管理",是深化学校人文管理的一种创新之举,更是当下弘扬教育家精神,强化教师队伍建设的应然之策。一年来在赵建华校长伴行思想的感召和引领下,我积极践行"以人为本,与人为善,用人所长,成人之美"的管理理念,立美教育之路上又留下一个个双向奔赴、美美与共的闪光足迹。

2023年教师节前夕,习近平总书记致信全国优秀教师代表,明确提出并深刻阐释了中国特有的教育家精神的丰富内涵和实践要求。为大力弘扬教育家精神,引领教师在平凡的岗位上践行教育家精神,我运用了"伴行管理"的"心流策略",推出了"我在立美家园这一天"晒单活动,旨在弘扬优秀典范,激发教师的正向心流,并在积极的陪伴中,让他们日臻完美,充分发挥辐射引领作用。

比如,2024年10月,学校音乐学科范老师辅导的合唱和竖笛社团,为来校跟岗学习的常州校长成功展示,我邀请范老师晒了当天的工作单。从早上的打卡签到,中午的化妆准备,到下午的精彩展示,以及后续的"且行且思",范老师都进行了细致而周到的安排。透过工作单,可以看出范老师对此次展示活动的高度重视和精心准备,以及平时对音乐特长生的用心培养。她的晒单展示了一名艺术老师的担当与付出。

再如,近期我发现三(3)班在去年体育达标测试中,全班人均跳绳数远超同轨班级,经了解,家校合作功不可没。为此在2024年启动达标运动会之初,我特地邀请了三(3)班的班主任唐老师聚焦体育达标晒单。她完成初稿后，我建议她紧扣家校合作的"一致性"原则分享经验。于是"工单"有了与家长达成了一致的育人理念。打卡不仅仅为体育达标，也是为孩子强身健体。达成了一致的训练目标：学会跳绳—学会连续跳绳—坚持一分钟跳绳—坚持长期锻炼。达成了一致的训练方法：第一个星期通过老师的视频指导学习"第一跳"，第二个星期开始家长陪伴学习连续跳，慢慢开始记录连续跳绳的个数。熟练后坚持每天一分钟跳绳打卡……这样的"工单"不仅增强了晒单人班级管理的信心和能力，也给其他班主任提供了可复制的经验。

如今在学校被邀请晒"工单"已成为一种特殊的荣誉，我能感受到每一个晒单人都是极其欣慰和非常认真的。

实践证明，"心流管理"可以唤醒和激发教师的内生动力，引领他们向美而行。常态化开展"展师德之美，闪平凡之光"的晒单活动，让"教育家精神"接地气、看得见、能激发、可学习。相信教师在美的浸润和感召中定能坚守育人初心，脚踏实地，仰望星空，共创美好。

最好的成长是关联成长，即校长与教师关联成长、校长与学生关联成长、教师与学生关联成长。作为校长，我时常深入管理一线，用教育的眼光去捕捉"关联"时机，并充分放大其育人价值。

记得在2024年上半年的一次课后服务巡查中，我走到最后一个班级时，校园已被夜色笼罩。略有疲惫的我，本想径直从楼梯奔向教室，但室外护栏上的"绿萝"吸引了我的注意，让我不由放慢了脚步。我走近一看，绿萝放在被剪去一半的倒置的纯净水瓶内，六个"花瓶"分两层错落有致地拴在垂直的不锈钢管上。借着微弱的灯光我发现每个瓶子上都贴有不一样的标签。我情不自禁地默念道："1. 我们各自努力，最高处见。2. 生活原本沉闷，但跑起来就有风。3. 努力就能及格，拼命才会优秀。4. 前路浩浩荡荡，万物皆有可期。5. 你一定要站在自己所热爱的世界里闪闪发亮。6. 乾坤未定，你我皆是黑马。"

六个花瓶，六句话，满满的正能量。我兴奋不已，随即用手机定格下"最美花架"。这是谁的创意？我走进教室，一个学生告诉我，班主任何老师和她们商量，准备在阳台栏杆上贴一个喷绘展板，这样只要有人走上四楼，就会感到赏心悦目、眼前一亮。但有同学不太赞成，认为喷绘容易脏，也容易被碰坏。后来何老师就想到这样一个办法，既给他人以美感，又能愉悦自己，还能互相启悟，随时赋量！听完讲述，我心头一亮：今天真是不虚此行，这难道不是绝佳的"关联"吗？"最美花架"，这样的诗意创造最鲜活，这样的班级经营最具教育价值。

第二天早晨，我走进该班，给孩子们上了一节特殊的晨会。我告诉他们，昨晚我把"最美花架"发在学校工作群后，老师们纷纷点赞……孩子们听得异常认真。尽管"最美花架"对于他们已经不再新奇，但这节特殊晨会还是在他们的心里激荡起阵阵涟漪。为了引导他们用心去感悟老师的教育情怀和良苦用心，我要求大家以"最美花架"为题写一篇小作文。有一个孩子这样写道："六年了，我们对何老师的默默付出似乎已经习以为常了。这次如果不是校长伯伯的发现，我们又忽略了何老师这份无言的大爱。借此机会，衷心感谢何老师六年来慈母般的呵护与陪伴！"这是孩子最真实的心声，也是一次最真实的成长。

一次巡查中的发现，把我和老师及学生完美地关联到一起。当我把何老师的"最美花架"发到学校工作群后，刷屏的点赞传递着正能量。特殊晨会让孩子感受到老师的大爱情怀和育人智慧，感恩之情跃然纸上。我对"花架"的大力推介，让一位普通老师一夜之间有了满满的存在感、获得感和幸福感，同时也有了新的使命感。

万物因互联而共长。正如"伴行管理"所阐释的追求重要的"关联"，洞察复杂的"关联"，同时获得使这些"关联"变得更加适切的必要力量，形成良好的发展生态。纸上得来终觉浅，绝知此事要躬行。在我的电脑里存有大量的图片和视频，如"桌椅摆放之美、晨读之美、运动之美、教学之美……"这些都是学校的日常，更是

"伴行管理"的"关联"。

"你一定要站在自己所热爱的世界里闪闪发亮!"这不仅是何老师送给孩子的美好期盼,也是她教育人生的真实写照,更鞭策着我在"伴行管理"中遇见更美的自己!

教育是一场温暖的伴行。在一年多的伴行实践中,我与学校共发展,与师生同成长。2024年暑期,我获评"南通市优秀校长",2023年8月被《教育视界》杂志以封面人物推介。我以为管理是科学也是艺术,伴行永远在路上……

(南通市通州区兴仁小学)

每一颗星星都有属于自己的光芒

赵亚宁

每一个孩子都是一颗星星,每颗星星都有着与众不同的闪光点,班级好比天空,学生就像满天的星星,等待我们唤醒他们的光芒。

在我所带的班级中,许多孩子都充满了个性,有活蹦乱跳,宛如孙悟空的小王同学;有能歌善舞,宛如百灵鸟的小张同学;还有极具运动天赋,宛如猎豹的小赵同学……这些个性鲜明的孩子夺走了我大部分的注意力,我一直没有关注到班级里还有这么一个小女孩,她毫不起眼,上课从不发言,课堂上一直很安静,下课也不会在操场上看到她游戏的身影。如果不是班上孩子悄悄告诉我,我估计永远也不会注意到这个孩子的生活中居然笼罩着一层阴影。

一、饭盒风波

早上,我正在办公室批改作业,班上的生活委员走进办公室,一副嫌弃的模样:"老师,我们最近发现小雅同学的课桌,一到下午就会散发异味,已经好几天了,班长和小组长建议她清理课桌,可是她不听我们的劝告。"我有点不可思议,在我的印象中,小雅同学虽然不起眼,但也不是一个邋遢的女生。我决定先亲自观察观察到底怎么回事。到了下午,我趁着班上孩子们去操场上体育课的时间,走到小雅同学的桌前,空气中弥漫着一股说不上来的气味。我弯下腰,寻找气味的来源,原来是饭盒散发的异味。我以为是小雅中午吃完饭没有洗干净饭盒,可是当我拿起饭盒,发现还有点分量,我打开饭盒,里面居然是中午学生们吃的饭菜。咦?这是怎么回事?难道是教室里打的饭,小雅没吃,那岂不是要饿肚子?我决定先把饭盒带到办公室,等下了体育课询问询问。

下课后,小雅同学走到我的办公室,看见她的饭盒"躺"在我的桌上时,她的脸一瞬间羞红了,两只小手紧张地揉搓着衣角,非常慌乱。我轻声询问:"你是中午没有按时吃饭吗?"小雅吞吞吐吐地说:"我中午在教室已经打饭吃了,我看教室的菜桶还剩了许多饭菜,想带回去给爷爷吃点。最近他感冒了,我只会下面条,煮稀饭,想让爷爷吃点好的。"小雅的话顿时让我把原本想好的思想教育的话憋了回去,我赞叹孩子的孝心,把饭盒还给了孩子,同时也产生了好奇,这到底是怎样的家庭?我一定要去了解了解。正如赵建华校长所说:"'伴行管理'所给予的真诚、用心的陪伴,就是一种精神性的支持。"

二、走近未知的她

为了了解情况,走进孩子的心里,我利用周末时间来到了小雅同学的家里,震惊于眼前看到的场景。她的家位于山区,院子里只有三间破烂不堪的土房,墙已经不避风,瓦也已不挡雨了,发黄的、布满蜘蛛网的墙面,到处都是灰尘,两张快要垮掉的木头床立在墙边,屋里连基本的桌子、凳子也没有。据了解,孩子的爷爷年迈体弱,走路颤颤巍巍,父亲不识字,只能在老家干一些农活维持家计,母亲患有精神病,经常恍恍惚惚,生活无法自理。

由于老家离学校较远,考虑到孩子上学问题,小雅只能交于年迈的爷爷一手照料。由于家庭的贫困,爷爷只能在街上租住两间旧房,这个旧房以前是农户废弃的猪圈,外面一间做成了厨房,老人自己用泥巴糊了一个灶台,生活设施极其简陋,里面一间做成了卧室,小雅和爷爷挤在一张木板床上,房间内阴暗潮湿,面积窄小,环境很差。经过了解,小雅家一直被当地政府作为重点保障对象,每年都能享受"一补"政策及低保政策。家访回来的路上,想着这孩子的乖巧安静,不争不吵,我心里百感交集。现场去观察,让我了解了孩子生活和心理的困境，让我有机会和孩子近距离交流，为她解决思想上的枷锁。我在想，我要经常陪伴她。陪伴是不变的阳光，可以温暖孩子的心；陪伴是温暖的拥抱，可以擦去孩子的泪。

三、点亮孤独的心

我开始经常利用课余时间，和孩子一起读书、聊天、下棋、做游戏。或许是我的爱心融化了孩子久封的心门，我能听到孩子越来越多的言语："老师，我体育课跑了第一。""我喜欢唱歌。""我今天帮同学扫地了。"……孩子的脸上也渐渐多了些灿烂的笑容，性格也逐渐变得开朗起来。孩子的书包被磨烂了，我特意为孩子挑选了一个粉红色的书包和文具，作为赠送给孩子的一份特别的开学礼物。孩子非常欣喜，和我一起开心地品读了我送她的《灰姑娘》，我鼓励孩子："你就像灰姑娘一样善良美丽，只要相信自己，你也能像故事里的灰姑娘，最终过上了幸福的生活。"孩子画了两只小猫图，并取名小宁和小丫送给了我，看似简单的画作，却隐含着孩子对我的感谢。

秋意渐浓，想到孩子平时在学校衣着单薄，我为孩子购置了暖和的棉衣、棉裤御寒，送到孩子的家中，并叮嘱孩子道："后面天冷了，就提早穿这棉衣棉裤，可别舍不得穿，把身子冻坏了啊。"看着孩子穿着新买的衣服，我一脸欣喜，听到孩子的爷爷在一旁激动地连声说"谢谢"，我只感到为孩子心疼，自己所做的还远远不够。

由于孩子和爷爷居住环境的简陋，缺少母亲精心的照顾，孩子的头发上长出了虱子。我得知后，立即购买了洗发水、驱虫药粉、香皂、毛巾、梳子，放学后第一时间赶往孩子家中，给孩子烧热水洗头，连续给孩子洗了半个月的头发，孩子头上的虱子明显减少了。现在的小雅更加阳光、开朗，操场上有了她游戏的身影，课上她也大胆举手发言，作业书写越来越认真，成绩也更上一层楼了。

管理就是责任，管理就是陪伴。陪伴是坚实的臂膀，可以助力孩子健康成长；陪伴是夜空最亮的星，指引着孩子前进的路。只要我们多一些陪伴、多一些关爱，用心去关爱每个孩子，每一颗星星都会散发出自己的光芒。

(陕西省汉中市城固县桔园镇许家庙小学)

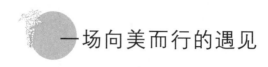
一场向美而行的遇见

张小娟

很高兴能有机会来到南通经济技术开发区实验小学教育集团,希望能在教学管理的广阔领域中寻求更多的智慧与启迪。

在上海闵行区,我既担任平南小学的校长,同时也兼任上海市闵行区辛庄镇小学的校长及书记。我的两所学校合计四个校区,各具特色。一所是从农村的办学不达标的村小起步,经过二十几年的不懈努力,成长为一所非常出色的优质小学。还有一所,就是我2019年接手的百年老校,历史悠久,底蕴深厚。面对四个校区的管理挑战,经常有人问我:"一个礼拜四个校区怎么走呢?"是啊,我常常思考如何更好地行走其间,因此我非常珍惜向赵校长学习的机会。

走进南通经济技术开发区实验小学教育集团,一天下来我感慨颇多。首先,我感叹江苏省教育厅和南通市教育局对实小集团发展的高度重视和精心安排,这让我深深感受到为什么江苏教育如此辉煌。当我看到学校的简介,赵校长的办学思想让我眼前一亮。我和所有的校长一样,每到一个地方很想了解学校的优秀所在,以及校长办学理念的深层次轨迹。赵校长不仅向我们详细阐述了学校的管理方法及办学理念,更展现了他深厚的学术功底和卓越的远见。看了他的文章,听了他的介绍,又看了那么有仪式感的高质量演出,我更感受到赵校长是一个很有远见的学校管理专家。

我本人做了二十多年的校长,我想很多校长肯定跟我有相同的感慨,那就是我们做教育的时间越长,我们对教育的解读越深。通过参观、学习和交流,我更加确信,一位优秀的校长必须树立自己的办学

思想，构建与之匹配的特色课程，并注重师资队伍的建设。我来到这里，佩服的不光是赵校长拥有如此深厚功底的管理能力、个性化的办学特色，更佩服的是他领导着一个由五个校区组成的教育集团。其中的艰辛与不易，我深有体会。将如此深刻且用心的管理理念深植于七百多位老师的心中，确实是一项艰巨的任务。对于赵校长而言，他不仅要维持日常的学校运营和五个校区之间的紧密联动，还须确保每个关键节点的工作及时推进，并且在这一过程中实现信息的及时反馈。其中的挑战与复杂程度，不言而喻。

赵校长所建立的每周播报反馈机制，无疑是一个高效且实用的反馈机制。要知道，完成这样高质量的推进不容易，这当中信息及时传递和各项活动有效联动，才能确保整个集团的协调一致。这种机制不仅提高了工作效率，也增强了管理人员之间的联系和协作。此外，赵校长提出的"1+N"师资队伍的建设智慧，更展现了他在教育管理上的独到见解。通过研修的联动，教师们能够不断提升自己的专业素养，也能够加强彼此之间的交流与合作。这种智慧不仅促进了教师的个人成长，也为整个集团的发展注入了新的活力。

在赵校长的领导下，五个校区在童真文化的基础上，各自发展出了独特的校园文化。在"伴行管理"理念的引领下，不同校区生成了不同文化的同时，赵校长提出了"美美与共"的发展目标。这一目标的提出，不仅体现了赵校长对教育事业的深刻洞察，也展现了他对教育集团未来发展的宏伟愿望。我一直在想，"美美与共"意味着什么呢？我想那就是集团化办学不是要把集团办成一所同质化学校，而是让每一所成员校都呈现各自的精彩。

在赵校长的专著《伴读伴行》一书中，我翻阅到了一篇写于2022年10月10日的日记，赵校长写到当他去参加一个一年级班主任坐班制研究会议时，他突然想到这样的实践很适合跨界的研究，很适合综合学科的跨学科研究。我想，在未来的实践当中，他所领导的教育团队，必将会在校区内美美与共的项目共享过程中，在教师走校、学生走班以及优秀项目的开发过程中，开创一个跨学科、跨界、全新且具有学校管理、创新思维的伴行的精彩局面。

说到伴读,我得知这是赵校长与老师们交流、沟通的特有方式,我想这也是他探索"一校五址"集团化办学的一种策略和创造。从这本书中我可以读到赵校长将自己的思想精髓、诗意情怀、畅想谋划,化为一段段宝贵的文字,伴读中充溢着道德关怀。它将每位老师的闪光点记在心里,把每个正能量事件记在心里,把每个校区的一切记在心里。它让教育不再是冷冰冰的灌输与应试,而是充满了人文关怀与情感交流的美好过程。这种教育方式无疑为集团化办学注入了新的活力与希望,也为广大教育工作者树立了学习的榜样。

很期待赵校长和他的团队带给我们新的学习感悟,假如命运的笔触再次勾勒出我重返校园的路径,在南通经济技术开发区实验小学教育集团校门口,我定会驻足,让心灵与过往的每一次邂逅重逢。那一刻,我将轻声细语,仿佛是对久违的老友倾诉衷肠:"您好,南通经济开发区实验小学教育集团,我回来了。"这简单的问候,蕴含着无尽的感激与敬仰,因为我知道,那时的我,与赵校长及他的团队,早已超越了师生之谊,成了灵魂深处共鸣的老朋友。

(上海闵行区平南小学)

后记
因为伴行，所以致敬

"科研兴校""科研兴师"是学校教师队伍建设高质量发展的必由之路。以教育写作的方式提升教师教科研素养，是高质量教科研工作的有效方式。从谋划到行动，从动笔到成文，短短三个多月的时间里，我们见证了一本书从无到有、从优到精的艰难过程。此时此刻，作为这本书的策划者和组织者，我要向参与和支持"伴行育人"理念和实践的伙伴们致敬。回顾这本书的组稿过程，我们深切感受到"伴行"力量带来的魅力。

一、顶层设计是基础

提出"伴行育人"理念不容易，让师生主动接受并积极践行这种理念更不容易。如今，"伴行育人"理念在南通教育界已经深入人心。它不仅是一种精神引领，更是一种行动观照。行政人员也好，普通教师也罢，都自觉把"伴行育人"理念内化为教育教学实践。团队成员出谋划策，逐步敲定这本书的书名、结构、语言风格等，为顺利推进写作奠定了坚实基础。

二、深度对话是关键

针对"写什么""怎么写"等困惑，编写组组织老师们持续学习"伴行育人"理念，然后请大家结合工作实际谈谈写作题材的设想。对话是一个思想交锋、观点碰撞的过程，也是一个相互交流、彼此促进的过程。在对话中，大家的认知从模糊走向清晰，实践素材从无序走向有章，这为深入推进写作提供了智力支持。

三、反复打磨是核心

写作是一个反复修改的过程。"榜样先行，全员跟上"，这是我们打磨稿件的策略。于是，每一轮打磨过程，都是先学习优秀稿件，再为不成熟的稿件找出存在问题，然后提供自己的参考意见。一个人的写作力量是有限的，而一群人的写作智慧是无穷的。打磨过程中，大家各抒己见，既能发现别人的不足，又能学习别人的优点，较好地体现了"伴行"思想的精髓。

选题、构思、修改……创作的过程，不是一个人的单打独斗，而是一群人的陪伴远行。因为一路伴行，所以写作不再可怕，而是有了温暖。

感谢江苏省教育科学研究院倪娟所长在百忙中为本书作序，倪所长对本书的肯定是对我们莫大的鼓励。

感谢实小集团总校长赵建华先生从本书策划到成书全过程中给予的高瞻远瞩的指导。

感谢实小集团育才校区、新河校区、能达校区、星湖校区和龙腾校区校长室提供的大力支持。

感谢我们的主创团队——李小琴、王长春、徐海娟、曹越、杜云云等老师的精心组稿和反复打磨，感谢倪新琴、顾园园、丁彩娟等老师的献计献策。

感谢本书中所有入选作者的辛勤劳动！

感谢苏州大学出版社编辑们的认真审稿和细致修改。

总之，这本书是一段时间以来"伴行育人"研究的阶段性成果，更是我们课题组后续深入研究的起点。希望本书的出版能够为集团高质量教科研工作起到推动作用。

周平健
2024 年 12 月